岩石隧道刚度变化段
地震响应分析方法与灾变机制

Seismic Response Analysis and Damage
Mechanism of a Rock Tunnel with Varying Stiffness

陈俊涛　著

重庆大学出版社

内容提要

本书系统阐述了针对盾构法和矿山法组合开挖的刚度变化段隧道结构地震动响应特征的抗震计算理论、振动台模型试验及数值仿真等研究方法。建立了任意地震动作用下变刚度隧道地震响应的快速分析方法,弥补现有抗震计算方法无法考虑隧道结构刚度变化的不足;提出了隧道刚度变化段大比尺振动台模型试验方法,并在模型试验中考虑了不同地震动激励方式,系统分析了隧道变刚度段的地震响应特征等。

本书可供相关领域的科研人员、生产和管理人员参考使用,也可作为高等学校土木工程专业的本科生、研究生的参考书。

图书在版编目(CIP)数据

岩石隧道刚度变化段地震响应分析方法与灾变机制/陈俊涛著. -- 重庆:重庆大学出版社,2025.4.
ISBN 978-7-5689-5149-4

Ⅰ. U231.3

中国国家版本馆 CIP 数据核字第 2025DC6773 号

岩石隧道刚度变化段地震响应分析方法与灾变机制
YANSHI SUIDAO GANGDU BIANHUA DUAN DIZHEN XIANGYING FENXI FANGFA YU ZAIBIAN JIZHI

陈俊涛 著

策划编制:林青山
责任编辑:张红梅 版式设计:林青山
责任校对:谢 芳 责任印制:赵 晟

*

重庆大学出版社出版发行
出版人:陈晓阳
社址:重庆市沙坪坝区大学城西路 21 号
邮编:401331
电话:(023)88617190 88617185(中小学)
传真:(023)88617186 88617166
网址:http://www.cqup.com.cn
邮箱:fxk@cqup.com.cn(营销中心)
全国新华书店经销
重庆升光电力印务有限公司印刷

*

开本:720mm×1020mm 1/16 印张:11.75 字数:168 千
2025 年 4 月第 1 版 2025 年 4 月第 1 次印刷
ISBN 978-7-5689-5149-4 定价:79.00 元

前　言

在穿越土-岩地层时采用盾构法和矿山法的组合进行分段掘进,可以提高隧道施工效率。然而不同隧道工法的衬砌结构形式差异较大,需要采用暗挖直接对接法将不同隧道进行对接。隧道暗挖直接对接法的变化必然产生新的衬砌结构转换模式,地震作用下隧道结构的动力响应也必然受到对接段结构形式和刚度变化的影响。目前已有的隧道抗震计算理论及设计方法多将隧道简化为平面应变问题,无法考虑衬砌断面形式沿纵向的变化;过去针对隧道地震响应机制的研究也多集中在采用单一工法开挖的纵向均质隧道,并未考虑衬砌结构形式和刚度的变化。因此,针对隧道刚度变化段地震响应机制的研究可以厘清结构刚度变化的作用效应及影响规律,改善结构的抗震性能,消除抗震薄弱环节,促进隧道组合工法的合理运用。

本书以采用盾构法和矿山法组合开挖的某地铁区间隧道为研究背景,首先建立了任意地震动作用下变刚度隧道地震响应的快速分析方法,弥补了现有抗震计算方法无法考虑隧道结构刚度变化的不足;然后提出了隧道刚度变化段大比尺振动台模型试验方法,并在模型试验中考虑了不同地震动激励方式,系统分析了隧道变刚度段的地震响应特征。本书的具体研究工作如下:

(1)隧道震害统计及震害影响因素分析

本书全面梳理和统计了汶川地震中的受损隧道,进一步完善了隧道震害数据库,并基于统计数据建立了地震烈度、震中距、隧道埋深等客观因素与隧道震害影响的关系。针对不同隧道破坏类型的差异性,对典型震害进行分类并初步探讨了各类震害的破坏机理。其中,由于隧道紧急停车带、车行横洞等区域衬砌结构形式和刚度的变化,在地震动作用下,隧道可能遭遇结构开裂、混凝土剥落甚至二次衬砌崩塌等严重震害。

（2）任意地震动作用下变刚度隧道地震响应解析计算方法

本书采用傅里叶变换原理将任意地震动分解为多个简谐波荷载,同时将变刚度隧道简化为弹性地基梁,建立简谐波激励下隧道结构动力响应的微分控制方程,并通过边值条件求解微分控制方程,得到简谐波作用下隧道结构动力响应;循环求解多个简谐波荷载作用下隧道结构的响应,并通过傅里叶逆变换原理得到任意地震动作用下变刚度隧道的地震响应。通过数值模拟,该解析方法的准确性和有效性得到了验证。基于提出的解析方法,本书分析了不同围岩等级、不同对接段刚度及不同地震波等因素对隧道结构地震响应的影响规律。同时,解析计算结果揭示了变刚度隧道的内力沿纵向分布的特征,并明确了对接段刚度变化沿纵向的影响范围,为振动台模型试验的设计奠定基础。

（3）盾构隧道模型的等效设计方法及制作

本书针对实际管片结构复杂、数量众多,进行管片模型制作和拼接较困难等问题,建立了盾构隧道模型简化设计方法。考虑到盾构隧道纵缝和环缝所导致的隧道横向和纵向整体刚度损失,在进行模型设计时通过刚度等效原理对横向接头和纵缝接头进行了设计;并通过数值模拟对该盾构隧道模型的横向和纵向抗弯刚度进行了验证,以保证盾构隧道整体刚度和模型接头弯曲刚度满足与原型隧道之间的相似关系。

（4）岩石隧道变刚度段大比尺振动台模型试验方法

隧道变刚度段振动台模型试验方法包括相似比设计、模型材料设计及测点布置等。本书采用 Buckingham-π 定理设计了相似比为 1：10 的大比尺岩石隧道变刚度段振动台模型;同时,通过围岩-结构相对刚度等效原理设计了围岩和隧道模型,以真实反映实际地震动过程中围岩与衬砌之间的动力相互作用。采用不同比例的聚酯纤维泡沫混凝土模拟混凝土衬砌和围岩体模型,可以较好地满足模型材料的相似比要求;采用加速度计、压力传感器、应变片及电感式位移计等测量仪器,可以全面捕捉变刚度隧道各区段的地震动响应特征。

（5）岩石隧道变刚度段地震响应特征

根据振动台模型试验结果，本书研究了变刚度隧道各区段的地震动响应特征；然后结合不同频率正弦波激励的模型试验，揭示了衬砌刚度变化对隧道结构沿横向和纵向地震动响应的影响规律。此外，本书还开展了不同地震动输入方向和不同地震波等多工况模型试验，系统研究了变刚度隧道各区段在不同影响因素下的地震响应特征。

本书提出的隧道地震响应简化计算方法可用于变刚度隧道的抗震计算和分析，模型试验方法为类似模型试验研究提供了参考，试验结果为对接段结构抗震设计提供了可靠依据。

本书可供相关领域的科研人员及生产和管理人员参考使用，也可作为高等学校土木工程专业本科生、研究生的参考书。

本书由重庆科技大学陈俊涛编写。本书的编写和顺利出版得到了各方大力支持，在此表示衷心感谢：感谢重庆科技大学科研资助项目（CKRC2022008）对本书的资助；感谢同济大学袁勇教授、禹海涛教授的大力支持。此外，本书在编写过程中参考和引用了众多参考文献，在此对相关作者表示衷心感谢。

由于作者水平有限，书中难免有错误和疏漏之处，敬请读者批评指正。

著 者

2024 年 4 月

目　录

第1章 绪 论

1.1 选题背景及研究意义

隧道结构具有隐蔽性好、通行能力稳定、不受天气和气候变化的影响、对自然环境影响小及耐久性好等显著优势,在我国城市公路及轨道交通的快速发展中扮演着至关重要的角色。以往隧道工程中通常单独采用矿山法或盾构法进行隧道的开挖掘进,隧道衬砌形式沿纵向多保持不变。近年来,我国隧道施工水平在隧道建设快速发展中得到了极大的提升,为了提高隧道建设的施工效率和施工安全性,采用组合工法进行分段掘进的隧道工程越来越多。例如,隧道线路穿越岩石和软土地层时,可分别采用矿山法和盾构法分段掘进,通过工作井进行衬砌结构对接。然而,对于建筑结构密集和地下管线分布众多的城市区域,在软硬岩层交接区域设置区间工作井的难度大、费用高。因此,通过暗挖直接将不同隧道掘进工法的衬砌结构进行对接,成为一种有突破性的选择,受到了工程界的广泛重视,如厦门轨道3号线某区间隧道即采用矿山法与盾构法的组合进行掘进,并通过暗挖直接对接法完成了不同形式隧道衬砌之间的转换。

强地震给隧道等地下结构造成的严重破坏,引起了学者对地下结构抗震的重视和深入研究,并且在矿山法隧道、沉管隧道、盾构隧道及地铁车站等结构抗震性能研究及震害统计方面均取得了丰硕的成果。诸多结论表明:地下结构断面形式及截面刚度突变区域在地震作用下极易产生局部应力集中、地震响应差动效应及变形不协调等,导致严重震害的产生。显然,采用组合工法修建的隧道交接段面临衬砌结构形式和刚度突变的问题,是隧道抗震的薄弱环节。然而,目前关于变刚度隧道的研究还鲜见报道,对接段隧道结构的地震响应机制以及对接段刚度突变对相邻隧道的影响规律还不清楚,强震作用下衬砌变化段的结构破坏模式和机理也有待深入探索。

与组合工法的发展和应用相比,目前地下结构抗震设计规范和相关研究成果还相对滞后。主要体现在以下几个方面:

(1)《建筑抗震设计规范》《地下铁道建筑结构抗震设计规范》《城市轨道交通抗震设计规范》及《公路工程抗震设计规范》等国家和地区标准均未涉及组合工法的应用,也没能对组合工法衬砌结构对接的形式、构造要求及减隔震措施等提供指导。汶川地震后,针对岩石地层内公路隧道的震害调研和分析表明,衬砌断面形式或地层的突变,可能导致严重的结构破坏。然而,关于岩石隧道震害统计和分析的研究成果在震害分类上存在重叠。此外,已有研究成果或因为发表时间较早只统计了部分受灾隧道,或仅针对特定的、发生严重震害的隧道展开分析,没能对所有受影响的隧道进行系统的统计,也未能很好地建立隧道震害与地震动烈度、隧道埋深等客观因素之间的关系。因此,有必要进一步统计和分析岩石隧道结构的震害特征,对典型震害进行分类,为强震作用下变刚度隧道对接段的震害模式和破坏程度提供现象对比。

(2)目前,在进行隧道结构抗震设计计算中,多采用二维数值模拟分析或纵向均匀假设,因而仅适用于结构断面均匀、纵向延伸较长、地层分布均匀的隧道结构,无法反映隧道沿纵向的结构变化特征,无法预知变刚度隧道各区段的相互影响。沿隧道横向,由于衬砌形式的转换,围岩-结构之间的荷载传递模式也将发生改变,对接段刚度变化对盾构管片隧道的影响也有待深入研究。目前,数值模拟已经广泛应用于地下结构抗震研究领域,然而在进行三维数值模拟时盾构隧道管片多被简化为均匀圆环,无法反映地震作用下管片接头张开、错位等动力响应特征。针对组合工法对接段复合衬砌构造的复杂性,在进行数值建模时较难准确模拟衬砌之间的相互作用,例如接触摩擦系数及衬砌之间、管片与接头之间的相互作用等,计算参数的取值较困难。

在振动台试验方面,针对隧道结构抗震性能的研究也取得了诸多研究成果,主要集中在:①软土地层盾构隧道抗震性能;②长大隧道在地震动空间多点非一致激励下的动力响应特征;③穿越断层破碎带或土岩界面等不良地层的隧道结构地震响应、灾变成因及震害机理;④隧道洞口浅埋段或偏压段隧道结构的抗震性能。由此可见,其研究对象均为单独采用盾构法或矿山法的隧道,即隧道衬砌横截面形式和刚度沿隧道纵向一致,未考虑隧道衬砌形式和刚度沿纵向有变化的隧道。此外,已完成的振动台试验的几何比尺相对较小(1/100 ~ 1/20),故而在进行模型制作和试验数据采集时存在不可避免的缩尺误差,而且在进行盾构管片的模拟时也多简化为横、纵向均质圆环,无法反映地震作用下盾构隧道纵向非连续屈曲效应及管片接缝变形等。因此,需进一步发展振动台试验的模型配置方法,以精准模拟盾构管环及衬砌转换等复杂结构,提高大型振动台物理模型试验的可靠性。

组合工法中隧道暗挖直接对接法的变化必然产生新的衬砌结构转换模式,有利于突破工作井设置条件苛刻的限制,避免在复杂的城市环境或深海域开挖工作井的巨大风险,提高隧道规划选线的灵活性,降低工程造价。因此,开展本项研究可以厘清变刚度隧道交接段的地震响应机制,消除抗震薄弱环节,促进组合工法的合理运用。

1.2 隧道抗震研究现状及存在的问题

1.2.1 隧道震害统计分析

隧道震害调研和统计分析是指地震发生后对隧道结构的现场调研和统计,

可以为后续的研究工作积累宝贵素材。首先是我国郑永来、刘曙光和杨林德等人研究总结了城市隧道结构的震害模式、影响因素等,提出了隧道结构抗震建议。台湾 9·21 大地震发生后,Wang 等人对隧道地震灾害的相关规律进行了分析和总结。5·12 汶川地震(以下简称"汶川地震")发生后,高波等人对 18 座公路隧道进行了震害调研,并分析了典型震害的破坏特征及产生原因。Wang 等人对汶川地震中的受损隧道进行统计,探讨了各类震害的产生机制,建立了隧道震害的模糊分析方法和风险评估模型;此外还对隧道洞口段的震害情况进行了统计,分析了震害影响因素并建立了震害评价模型。崔光耀等人对 37 条隧道的震害情况进行了收集和分析,此外也统计了不同烈度区内公路隧道的总体破坏特征,并针对穿越断层破坏带的典型震害展开了分析,给出了抗震建议。李天斌对震害现场进行了资料收集,并将隧道震害分为洞口边坡崩塌与滑塌、洞门裂损等 6 种。何川等人对汶川地震中穿越断层带隧道的结构破坏机理进行了深入研究。王明年等人调查了 40 座隧道,并将隧道震害分为无破坏、轻度破坏、中度破坏和严重破坏等 4 个等级。于媛媛对映秀至都江堰的高速公路隧道震害进行了统计,重点分析了龙溪隧道的受灾情况。臧万军统计分析了汶川地震中受损公路隧道的破坏情况,提出了震害等级评价指标,并对典型震害进行了统计分析,认为衬砌开裂是最普遍的震害类型并多发生在 V 级围岩中。

以上学者所获取的现场勘测资料以及震害统计研究成果,为地下结构抗震理论研究、数值模拟和模型试验奠定了坚实基础,也为隧道减隔震技术研究提供了重要的现实依据。然而已完成的震害调研因发表时间较早,数据统计不够完整,在进行震害分类时还存在交叉,因此,有必要进一步完善震害统计数据库,梳理各类典型震害的破坏特征,并建立客观影响因素与隧道震害之间的关系。

1.2.2　隧道结构抗震简化计算方法

在进行隧道结构抗震分析时,解析法主要分为拟静力法和波动解析法。在采用拟静力法进行结构抗震分析时,地震动荷载被简化为静荷载直接施加在隧道结构上,从而通过解析公式计算得到隧道结构的变形和内力。该方法计算过程清晰简单,概念明确,因此被广大工程设计人员采用。在对隧道结构抗震性能进行计算时,主要考虑隧道结构在横向和纵向两个方向上的变形模式:①隧道横截面变形,如图 1-1(a)所示;②隧道纵剖面拉压和弯曲变形,如图 1-1(b)所示。

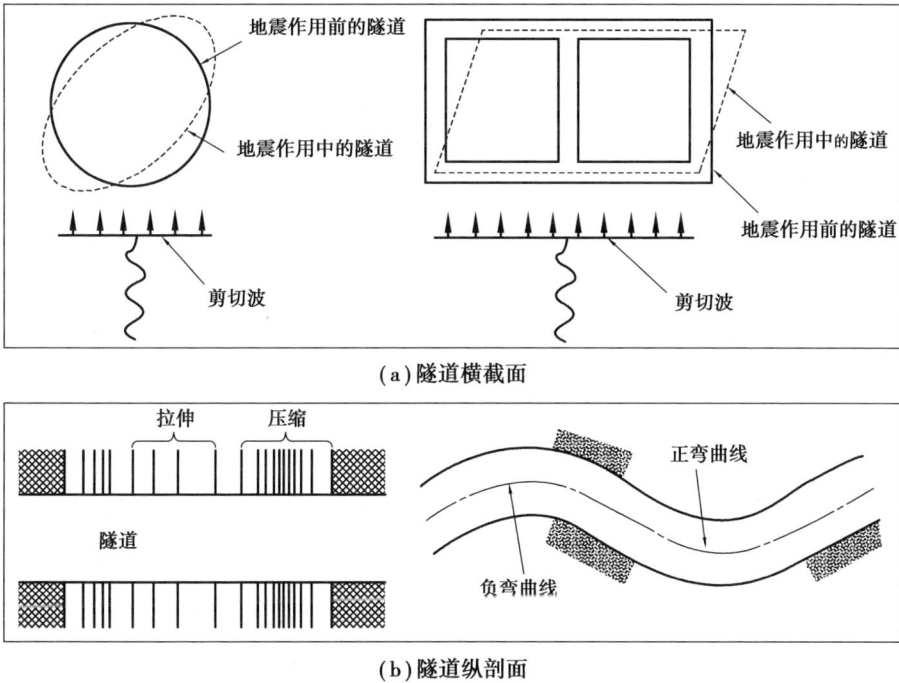

(a)隧道横截面

(b)隧道纵剖面

图 1-1 隧道结构横向和纵向变形模式

第一种变形模式,即分析隧道横截面的抗震性能,通过选取某特征横截面为分析对象,计算得到隧道的净空变形及内力等;第二种变形模式,通常将隧道结构简化为无线长梁结构,同时将围岩假定为弹性地基,从而通过解析方法求解弹性地基梁的弯曲变形及内力。

基于地上结构抗震设计分析理念,日本学者大森房吉在 20 世纪初首先提出了可适用于隧道结构抗震设计的地震系数法。该方法因操作方便、计算过程简单而得到了世界多个国家的广泛使用。地震系数法多应用于我国目前的铁路隧道的抗震设计计算中。在对隧道衬砌横截面的受力进行计算时,分析的荷载主要包括:衬砌结构自身沿水平方向的惯性力 F_1,衬砌结构背后两侧的被动土压力增量 Δp 和主动土压力增量 Δe,以及衬砌结构上方土柱惯性力 F_2;此外,如果在抗震分析时考虑竖向地震动的影响,那么也需要计算上覆土柱的竖向惯性力 F_2'。其中,两个惯性力可以通过式(1-1)得到。

$$\begin{cases} F_1 = \dfrac{\alpha \cdot Q}{g} = K_c \cdot Q \\ F_2 = K_h \cdot \eta_c \cdot m_s hg \end{cases} \tag{1-1}$$

其中,α 表示作用于隧道衬砌的加速度、Q 表示衬砌结构的自重、g 表示重力加速度、K_c 表示和加速度相关的地震系数、K_h 表示水平地震系数、η_c 表示水平地震动修正系数、m_s 表示衬砌结构上方土柱体的总质量。上述公式表明随着隧道上覆土埋深的增大,土柱的质量也随之增加,因此土柱产生的惯性力也增大。然而,隧道震害观测和分析表明,衬砌结构的破坏程度并没有因为隧道埋深的增大而加剧。此外,在地震动荷载作用下,隧道横截面的变形主要受围岩剪切变形的挤压作用,并不表现出自身的振动特性;因此隧道衬砌结构自身的惯性作用效应较小。对于岩石隧道,由于岩体自身的强度和自稳性较好;因此,在进行岩石隧道的抗震计算分析时,不宜采用直接计算上部土柱质量的方法;同时地震系数法无法考虑地震作用下衬砌结构与围岩之间的动力相互作用。

自由场变形法是以弹性波动理论为基础,假定地震过程中隧道与围岩一起变形,并且结构和围岩不发生塑性变形。通过自由场变形法可以计算 P 波、S 波和瑞丽(Rayleigh)波作用下自由场的动力响应。首先分析得到隧道所处位置的自由场变形;然后计算隧道衬砌的内力和变形。早在 19 世纪 60 年代,相关学者就提出了弹性均质地层中平面波的传播计算方法,得到了该自由场的变形,如图 1-2 所示。

基于求解连续介质的波动理论,弹性波动动力学解析有着严格的逻辑力学推导和数学模型,如复变理论和波函数展开法等;该方法由于在计算方面效率较高,多被用于验证数值分析的准确性。另外,针对不同角度入射 P 波、SV 波和瑞丽波,隧道结构的纵向变形、正应变、剪应变和曲率解析解如表1-1所示。

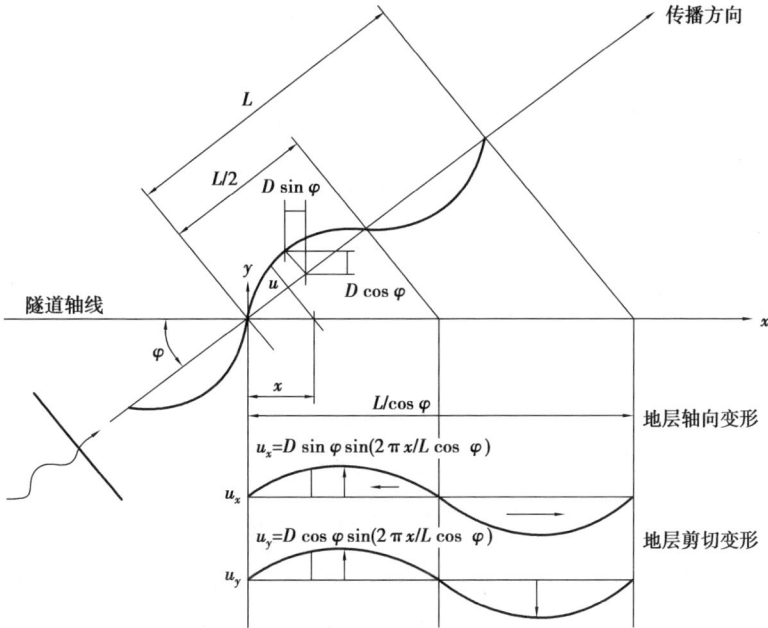

图 1-2　自由场变形计算模式图

表 1-1　不同地震波作用下自由场变形

入射地震波	纵向应变	正应变	剪切应变	曲率
P 波	$\varepsilon_l = \dfrac{V_P}{C_P}\cos^2\varphi$	$\varepsilon_n = \dfrac{V_P}{C_P}\sin^2\varphi$	$\gamma = \dfrac{V_P}{C_P}\sin\varphi\cos\varphi$	$\dfrac{1}{\rho} = \dfrac{a_P}{C_P^2}\sin\varphi\,\cos^2\varphi$
SV 波	$\varepsilon_l = \dfrac{V_S}{C_S}\sin\varphi\cos\varphi$	$\varepsilon_n = \dfrac{V_S}{C_S}\sin\varphi\cos\varphi$	$\gamma = \dfrac{V_S}{C_S}\cos^2\varphi$	$K = \dfrac{a_S}{C_S^2}\cos^3\varphi$
瑞丽波压缩分量	$\varepsilon_l = \dfrac{V_{RP}}{C_R}\cos^2\varphi$	$\varepsilon_n = \dfrac{V_{RP}}{C_R}\sin^2\varphi$	$\gamma = \dfrac{V_{RP}}{C_R}\sin\varphi\cos\varphi$	$K = \dfrac{a_{RP}}{C_R^2}\sin\varphi\,\cos^2\varphi$
瑞丽波剪切分量	—	$\varepsilon_n = \dfrac{V_{RS}}{C_R}\sin\varphi$	$\gamma = \dfrac{V_{RP}}{C_R}\cos\varphi$	$K = \dfrac{a_{RP}}{C_R^2}\cos^2\varphi$

表1-1所示的解析解中，φ 表示入射角；V_P，V_S，V_{RP}，V_{RS} 分别表示 P 波、SV 波、瑞丽波压缩分量和瑞丽波剪切分量作用下质点的最大振动速度；a_P，a_S，a_{RP}，a_{RS} 表示上述波作用下质点振动的峰值加速度；C_P，C_S，C_R 表示不同波的视波速。

在采用波动理论计算自由场的变形，进而求解隧道结构的内力和变形时，无法考虑地震作用下围岩与衬砌结构之间的动力相互作用。此外，当隧道所处的地层条件复杂时，很难得到自由场的波动解析解；同时也无法分析强震作用下结构和围岩发生的塑性变形和破坏。因此，该方法多用于均质地层的简单隧道结构的抗震分析。

为考虑场地与结构之间的动力相互作用，反应位移法逐渐在日本发展起来。在对地下进行长时间的地震动特性观测之后，发现场地位移是导致隧道结构变形最主要的控制因素，然而隧道衬砌本身的惯性力和结构阻尼对自身地震响应的影响较小。因此，将地震荷载简化为围岩强制位移直接施加在隧道结构上被提了出来。在进行纵向结构分析时，通常将隧道结构和围岩分别简化为弹性地基梁和一定刚度的地基弹簧来模拟。此外，为了适应不同的地层条件，假定场地变形与隧道自身变形模式相同而数值不同，并引入用于修正结构变形数值的相互作用系数 Δ。在反应位移法中，假定场地的变形模式如图1-3所示。

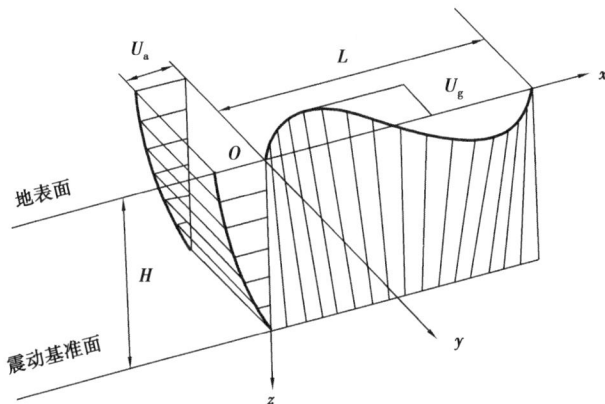

图1-3　反应位移法场地变形模式图

因此,场地位移变形可以表示为:

$$\begin{cases} u_{\mathrm{a}}(z) = \dfrac{2}{\pi^2} \cdot T_{\mathrm{s}} \cdot S_{\mathrm{u}} \cdot \cos\!\left(\dfrac{\pi z}{2H}\right) \\[2mm] u_{\mathrm{g}}(x,z) = u_{\mathrm{a}}(z) \cdot \sin\!\left(\dfrac{2\pi x}{L}\right) \end{cases} \tag{1-2}$$

其中,T_{s} 表示隧道所处场地的固有周期,S_{u} 表示地震动基准面的速度反应谱。二者可通过式(1-3)求得:

$$\begin{cases} T_{\mathrm{s}} = \dfrac{5H}{V_{\mathrm{s}}} \\[2mm] S_{\mathrm{u}} = K_{\mathrm{h}} \cdot S_{\mathrm{v}} \end{cases} \tag{1-3}$$

其中,H 和 V_{s} 分别表示基岩面以上地层厚度和地层的剪切波速;K_{h} 和 S_{v} 分别表示地震系数和水平地震系数的速度反应谱。然后通过建立弹簧来模拟地层与隧道结构之间的相互作用。

在对隧道结构横截面的抗震性能进行计算时,所需要考虑的荷载包括:隧道衬砌自身的惯性力 F_{i}、地震作用的附加土压力 $p(z)$ 以及衬砌与地层之间的剪力 $\tau(z)$。隧道横截面荷载分布模型如图 1-4 所示。

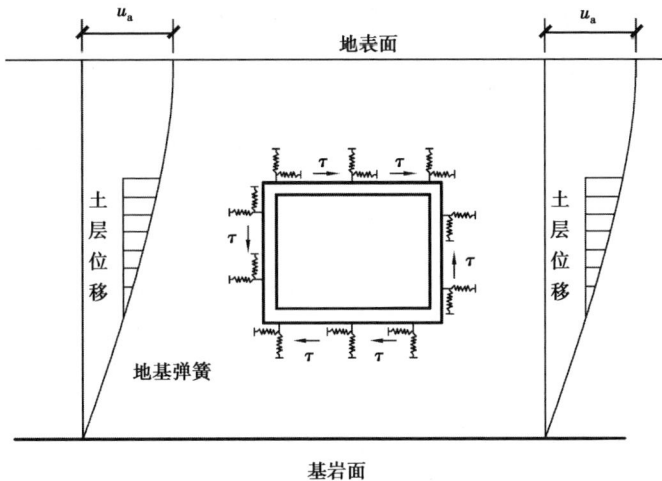

图 1-4　隧道横截面荷载分布模型

因此,各类荷载可以表示为:

$$\begin{cases} F_i = K_h \cdot m_i \cdot g \\ p(z) = k[u(z) - u(z_B)] \\ \tau(z) = \dfrac{G_d}{\pi H} \cdot S_u \cdot T_s \cdot \sin\left(\dfrac{\pi z}{2H}\right) \end{cases} \tag{1-4}$$

其中,K_h,m_i 和 k 分别表示水平地震系数、隧道衬砌质量和地层弹簧系数;$u(z)$ 和 $u(z_B)$ 分别表示地层位移和隧道底部位移;G_d 表示地层的动剪切模量。

在对隧道结构沿纵向方向的地震响应进行分析时,将隧道简化为具有无限长度的 Winkler 弹性地基梁模型,如图 1-5 所示。

从而可以得到如下运动方程:

$$\begin{cases} EI\dfrac{\partial^4 v(x)}{\partial x^4} + \rho A\dfrac{\partial^2 v(x,t)}{\partial t^2} + K_w[v(x,t) - g_w(x,t)] = 0 \\ -EA\dfrac{\partial^4 v(x)}{\partial x^4} + \rho A\dfrac{\partial^2 u(x,t)}{\partial t^2} + K_a[u(x,t) - g_a(x,t)] = 0 \end{cases} \tag{1-5}$$

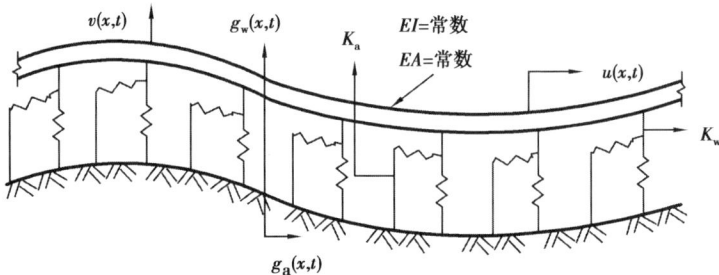

图 1-5　Winkler 弹性地基梁模型

当不考虑隧道衬砌自身的惯性力时,将沿横向和纵向的运动方程进一步改写成:

$$\begin{cases} EI\dfrac{\partial^4 v(x)}{\partial x^4} + K_w[v(x,t) - g_w(x,t)] = 0 \\ -EA\dfrac{\partial^4 v(x)}{\partial x^4} + K_a[u(x,t) - g_a(x,t)] = 0 \end{cases} \tag{1-6}$$

式中,E 表示隧道衬砌的弹性模量,I 表示隧道梁截面的惯性矩,A 表示隧道横截面面积;K_w 和 K_a 表示地基与隧道梁之间沿横向和纵向的弹簧刚度系数;$v(x,t)$ 和 $u(x,t)$ 表示隧道的横向位移和纵向位移;$g_w(x,t)$ 和 $g_a(x,t)$ 表示地基的横向位移和纵向位移。可以通过边界条件求解上述运动方程,进而得到隧道沿纵向的内力响应。

在采用反应位移法进行隧道结构的抗震分析计算时,由于是通过弹簧模拟隧道与地基之间的相互作用,因此比地震系数法更真实地反映了地震作用下隧道与地层之间的相互关系。然而,以上简化计算方法无法考虑地震波沿隧道纵向的传播特性,也无法分析衬砌结构形式和刚度变化对隧道地震响应的影响,无法评价组合工法对接段在地震作用下的变形状态及抗震性能。

1.2.3 振动台模型试验

振动台模型试验在隧道—围岩模型底部施加地震波激励,可以真实反映实际隧道结构与围岩之间的动力相互作用,再现隧道结构在地震作用下的动力响应过程。在试验过程中,可以根据研究需要观测加速度、应变、围岩—衬砌压力等关键数据;同时通过强震工况的模型结构试验,观测并研究隧道结构在强震下的渐进式破坏过程。因此,振动台模型试验是研究隧道结构地震响应机制最有效也最可靠的手段之一。

针对盾构隧道等圆形地下结构,何悦、何川等通过几何相似比为 1/40 的振动台模型试验,研究了盾构隧道与联络通道相接区段的地震动响应,并对比分析了刚性连接与柔性连接的地震响应差异性。张景、何川等通过相似比为 1/40 的振动台模型试验研究了穿越软硬地层时盾构隧道的地震响应;试验基于纵向刚度等效的原则设计了纵向均匀连续的盾构隧道模型,采集并分析了隧道加速度和频谱特征以及衬砌应变等。段志慧等通过几何比尺为 1/30 的振动台模型试验研究了位于软土地层盾构隧道的地震响应特征,并进行了不同地震波和不同地震强度作用下隧道的加速度、结构应变响应分析。安军海等对可液化地层的盾构扩挖车站进行了模型试验研究,采用近远场地震波作为输入地震动,分析了地震过程中地层变形、加速度、动土压力等。对于长大隧道的振动台试验,禹海涛和袁勇等提出了多点非一致激励方法,并成功应用于港珠澳沉管隧道及上海长大盾构的振动台试验,建立起了多点非一致激励理论及长大隧道多点激励振动台模型试验方法。

对于矿山法隧道,耿萍研究了不同衬砌形式、围岩特征、埋深、地震动力参数、地震波入射方向等条件下隧道结构的地震响应特征,并对结构和围岩的相互作用特性进行了系统研究,提出了衬砌结构减震层。王帅帅等通过几何相似比为 1/25 的振动台模型试验研究了隧道洞口段在三种围岩条件下的抗震性能,并得出了结论:含软弱夹层仰坡时,隧道结构将承受较大的围岩压力和变形。何川、张景等通过不同相似比的振动台模型试验研究了穿越土岩地层、断层破损带等不良地质时隧道结构的地震响应机制和破坏机理,并提出了减隔震措施。高峰等分析了上覆土埋深对衬砌结构地震响应的影响。陶连金等分析了不同仰坡度数条件下隧道洞口段地震响应的差异性,并进一步分析了隧道结构及边坡的破坏特征。申玉生等研究了位于高烈度地震带岩石隧道洞门段的地震响应机制和破坏模式。信春雷也通过模型试验研究了穿越断层破碎带隧道结构的减抗震措施,主要分析了设置减震层、减震缝及无任何减抗震措施等条件下衬砌结构的地震响应差异性。

以上学者针对盾构法隧道或矿山法隧道的地震响应特征开展了各种振动台模型试验,并取得了许多有益成果。然而,已完成的模型试验研究还存在以下几个方面的局限性:①多数模型试验均针对采用单一工法修建的隧道展开,即没有考虑衬砌结构形式沿纵向的变化;②在对盾构隧道进行模拟时,多通过纵向刚度等效原则将盾构管片等效为纵向均匀的连续模型,无法捕捉地震作用下管片接缝变形等动力行为;③受制于试验条件等,已完成的模型试验几何比尺相对较小,存在难以避免的缩尺误差。因此,鉴于组合工法不断推广和应用的实际,有必要针对以上问题开展组合工法对接段隧道结构的振动台模型试验研究。

1.2.4 变刚度地下结构地震响应

根据传统的隧道建设理念,隧道结构多采用单一工法进行修建,如矿山法、盾构法及沉管法等,大多数隧道衬砌横截面形式和刚度沿纵向不发生变化。因此,以往所完成的隧道抗震研究也较少涉及衬砌形式变化或结构刚度变化等情况。Towhata 和 Kawamata 等人通过在 E-defense 试验中心完成的振动台模型试验研究了盾构隧道与工作井在地震作用下的动力响应特征,并初步探讨了刚度较大的工作井对盾构隧道结构地震响应的影响。

可以看出,针对隧道结构抗震性能的研究均集中在纵向均匀的隧道结构,没有考虑衬砌断面形式和刚度突然变化对衬砌局部受力和变形的影响。随着隧道施工技术的不断提升,在隧道建设过程中对施工的效率和安全性也愈加重视,针对不同地层采用不同工法的理念也逐渐被接受和应用,如矿山法和盾构法的组合。因此,有必要对工法对接段隧道结构的地震响应特征与灾变机制展开研究,为变刚度隧道结构的抗震设计提供基础理论和科学依据。

1.3 本书研究内容及创新点

1.3.1 研究内容

由于隧道变刚度段结构形式的变异性及围岩—结构之间动力相互作用的复杂性,单一的研究方法较难准确计算和真实模拟岩石隧道刚度变化段衬砌结构在地震作用下的动力响应特征。因此,本书采用震害统计分析、理论解析及振动台模型试验等手段从多个角度分析和研究岩石隧道变刚度段结构的地震动响应机制。

1）隧道震害统计及震害影响因素分析

实际地震可以看成天然的大型地震工程试验，具有丰富的研究价值。以汶川地震为背景，对该地震中山岭隧道的震害情况进行梳理，全面统计汶川地震中的受损隧道并系统分析各类震害特征及破坏机理。此外，基于统计数据揭示地震烈度、震中距和埋深等客观因素对隧道震害的影响。本书进一步完善了隧道结构震害统计数据库，并初步分析了各类典型震害的破坏特征及产生机理；同时说明了衬砌横截面和刚度的变化是导致隧道紧急停车带和车行横洞等发生严重震害的重要原因。

2）变刚度隧道地震响应解析计算方法

对任意地震动通过傅里叶变换原理将其在隧道处的位移时程分解为多个简谐波荷载；同时将变刚度隧道结构简化为弹性地基梁，通过弹簧模拟围岩—结构动力相互作用，以及通过边值条件求解出的任意简谐波作用下隧道结构动力响应的微分控制方程，推导隧道变刚度段的纵向地震响应的解析表达式，然后对多个简谐波荷载下隧道的动力响应在频域内进行叠加，并通过傅里叶逆变换得到变刚度隧道在任意地震荷载作用下的动力响应。本书通过建立的分析方法，进行了不同围岩等级、不同对接段刚度及不同地震波类型等影响因素分析；通过解析计算，揭示了变刚度隧道沿纵向的地震动响应特征，明确了刚度变化对接段的影响范围，为振动台模型试验的设计和测试方案的拟定提供指导。

3）隧道变刚度段振动台模型试验方法

通过振动台模型试验再现刚度变化段衬砌结构在地震作用下的动力响应过程，分析地震动过程中结构受力及变形响应特征。针对变刚度隧道各区段的构造特点，基于动力相似比理论、围岩模型配置技术等，建立隧道结构与围岩的动力相似关系，设计出能准确反映实际围岩—衬砌之间动力相互作用的围岩—

隧道模型,最终建立起 1∶10 大比尺振动台模型试验方法。在进行模型设计时重点研究围岩—结构相对刚度比等效设计、盾构隧道环向和纵向刚度折减设计及模型制作和装配技术等。

4)岩石隧道刚度变化段地震响应机制

基于振动台模型试验,选取衬砌结构的加速度响应、频谱、围岩—衬砌压力及衬砌应变等测试结果,分别研究变刚度隧道各典型区段在地震动作用下的动力响应,为组合工法对接段衬砌结构的抗震设计和优化提供数据支撑。此外,结合不同频率正弦波激励的试验结果重点分析了各区段隧道结构的动力放大效应,揭示了衬砌刚度变化对隧道沿水平横向和水平纵向地震响应的影响规律。

5)不同地震动输入对隧道结构动力响应的影响

进行振动台模型试验时主要考虑:不同地震动输入方向、不同地震波类型及不同地震动强度等三个方面对隧道变刚度段地震响应的影响。不同地震动输入方向采用三种模式:水平横向单向输入、水平纵向单向输入以及水平横纵双向输入,研究不同输入模式下结构的动力响应特征。地震波类型包括人工波和天然波(汶川波)两种,研究不同地震波的频谱特征对隧道结构动力响应的影响。最后,在考虑不同地震动输入强度时,采用人工波从设计地震动逐渐增大输入地震动的峰值进行强震作用下的模拟试验,直到结构被破坏。

根据以上研究内容,本书制定了如图 1-6 所示的技术路线。

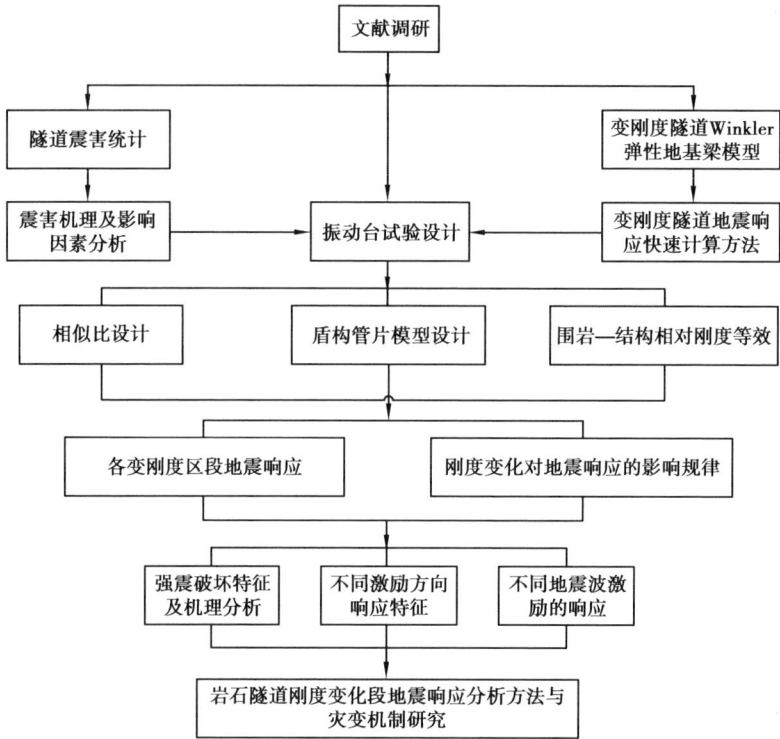

图 1-6　技术路线图

1.3.2　创新点

本书的创新之处主要体现在以下几个方面：

①通过傅里叶变换原理将任意地震动分解为多个简谐波,并建立位于弹性地基上的变刚度隧道梁模型;通过求解隧道梁的位移微分控制方程,同时采用位移相位角模拟长隧道的行波传递效应,推导出岩石变刚度隧道在任意简谐波作用下的动力响应解析表达式,循环求解多次简谐波作用下变刚度隧道的地震响应并在频域内进行叠加,从而建立起任意地震动作用下变刚度隧道纵向地震响应的解析计算方法。

②建立了针对盾构法和矿山法组合施工隧道变刚度段的大比尺振动台模型试验方法；考虑了围岩—结构相互作用的等效性，设计了适用于隧道变刚度段结构动力试验的相似关系；通过横向和纵向抗弯等效原理，提出了盾构隧道管片的简化模拟方法，并通过数值模拟验证了该模拟方法的有效性。

③通过所建立的梁弹簧模型解析计算方法和振动台模型试验，研究了岩石隧道变刚度段的地震动响应特征，并进一步揭示了衬砌结构刚度变化对隧道沿水平横向和水平纵向地震响应的影响规律。

第 2 章　隧道震害统计与分析

2.1　引　言

对地震后受损隧道的统计和分析是研究隧道结构在地震动作用下发生破坏的最直接的观测方法,可以根据统计数据建立结构震害与地震动指标、地质条件、埋深等客观影响因素之间的关系,也是进一步研究特定震害类型破坏机理的基础。隧道震害的现场观测资料及统计成果,可为地下结构抗震研究理论、模型试验和数值模拟奠定基础,为隧道抗减震研究提供重要的数据支撑。因此,对于隧道结构震害的统计和分析,长期以来一直受到国内外隧道抗震工作者的重视。

2008 年的汶川地震导致都江堰至汶川公路的众多山岭隧道遭遇严重破坏,汶川至映秀公路的交通也因此完全中断,严重影响了救援物资的输送和灾后基础设施的重建。地震发生后,为了尽快修复受损隧道恢复交通,也为了尽量掌握和积累隧道震害的第一手资料,抗震工作者们通过实地震害调研或资料统计等手段总结分析了隧道的受损情况和震害特征。王明年等将隧道的震害程度划分为:无破坏(A)、轻度破坏(B)、中度破坏(C)和严重破坏(D),把隧道分为4 段并分别统计和评价震害。高波等对受地震破坏的公路隧道进行了初步统计,分析了不同的震害特征和产生破坏的原因,并给出了隧道灾后修复的诸多建议。崔光耀等通过震害统计分析认为洞口区域衬砌结构受次生灾害影响很明显,地震导致的惯性效应十分明显。李天斌通过现场调研、资料收集与分析等手段分析了次级断层、地应力及软弱围岩等对隧道震害的影响。陶双江、蒋雅君对震害较严重的 4 条隧道进行了统计,并通过数值模拟分析了隧道的地震响应。王峥峥等统计并总结了山岭隧道洞口区域的震害情况,分析了洞口衬砌的震害影响因素,建立了洞口段隧道震害程度的评价方法。

综上,众多学者针对在汶川地震中受损隧道的统计和分析做了大量的研究工作,为隧道结构的震害修复和抗震优化设计积累了丰富的基础资料。然而,多数研究成果发表时间较早,对震害隧道的统计还不够全面,在对隧道震害模式的分类时还存在交叉;此外,诸多研究具有各自的重点,如针对某特定隧道的震害分析和破坏机理研究。因此,本书在已有调研成果的基础上,进一步完善隧道震害调查数据库,将典型震害类型进行分类并分析其破坏特征,并基于统计数据建立典型的不同震害类型与外部客观影响因素之间的关系。

2.2　汶川地震概述

汶川地震的震中位于中国四川省阿坝藏族羌族自治州汶川县映秀镇(东经103.4°,北纬31.0°),其震源深度约 14 km。汶川地震是典型的逆冲挤压断层型地震,地层挤压运动产生了由 4 个断裂带组合的龙门山大断裂,包括前山断裂(灌县—安县断裂)、中央断裂(北川—映秀断裂)和后山断裂(汶川—茂县断裂)。

受龙门山断裂带分布和走向的控制,地震烈度分布也从西南向东北方向发展,地震能量沿断裂带向两侧释放,最终形成如图 2-1 所示的椭圆形烈度分布模式。该椭圆形受灾区包含了都江堰—映秀公路的众多山岭隧道,图 2-1 也表明了不同地震烈度区内的隧道数量分布。可以看出,大部分隧道位于Ⅶ度到Ⅺ度区,其中有 10 条隧道位于Ⅺ度区,如震害最为严重的烧火坪隧道、龙溪隧道、紫坪铺隧道及龙洞子隧道等。在不同地震烈度区内隧道的统计数量如图 2-2所示。

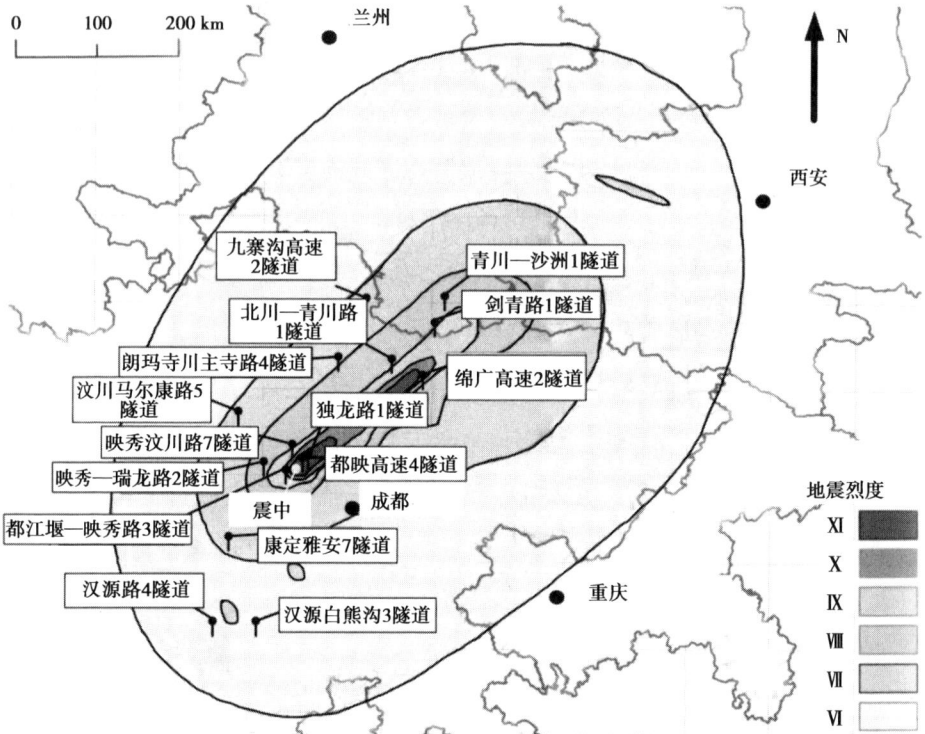

图 2-1　地震烈度及震中附近隧道分布图

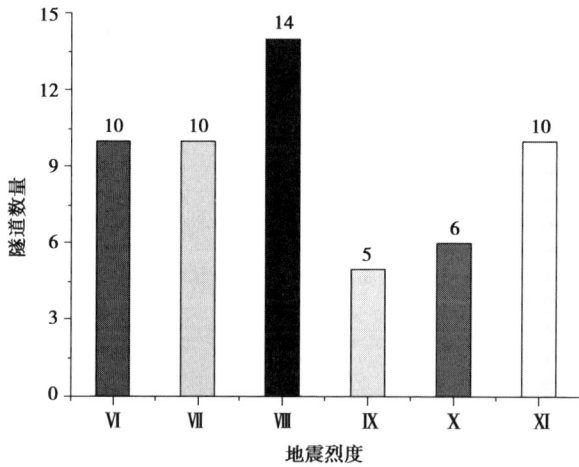

图 2-2　不同烈度区内隧道数量

2.3　典型震害特征及机理分析

受损隧道数据统计表明,在受地震影响的 54 条隧道中,有 37 条已经建成通车,另外 17 条隧道在建。多数隧道遭遇不同类型、不同程度的破坏,震害类型主要有衬砌开裂、混凝土剥落、剪切破坏、错台等。图 2-3 所示为典型震害类型所对应的隧道数量,其中遭遇衬砌结构开裂的隧道有 38 条,是最为普遍的震害类型;另外有 12 条隧道发生衬砌混凝土剥落;有 6 条隧道发生剪切破坏,经分析该震害类型主要发生在穿越土岩界面处或隧道洞门段浅覆土区域;最后,有 6 条隧道发生衬砌崩塌或者隧道结构整体垮塌等严重震害。

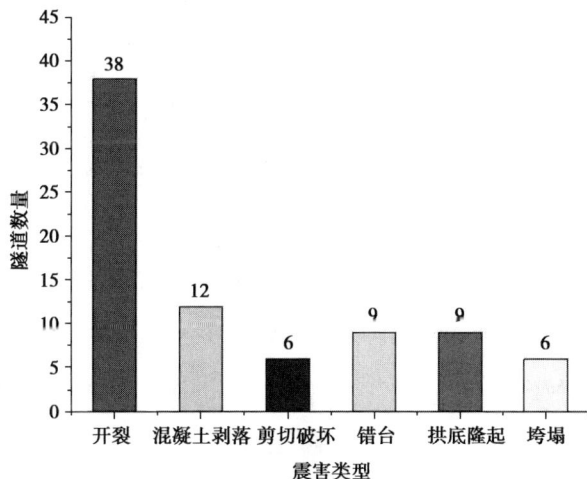

图 2-3　典型震害分类及统计

2.3.1　隧道结构开裂

统计数据表明,发生衬砌开裂的隧道有 38 座,是最常见的震害模式。根据隧道结构开裂的位置及破坏原因的不同又可将开裂划分为 3 种类型:洞门开裂、衬砌开裂及路面开裂。图 2-4 所示为上述 3 种开裂类型所对应的隧道数量。其中,发生衬砌开裂的隧道有 33 条,为最常见的震害类型,发生洞门开裂的隧道有 24 条,而发生路面开裂的隧道仅 10 条。

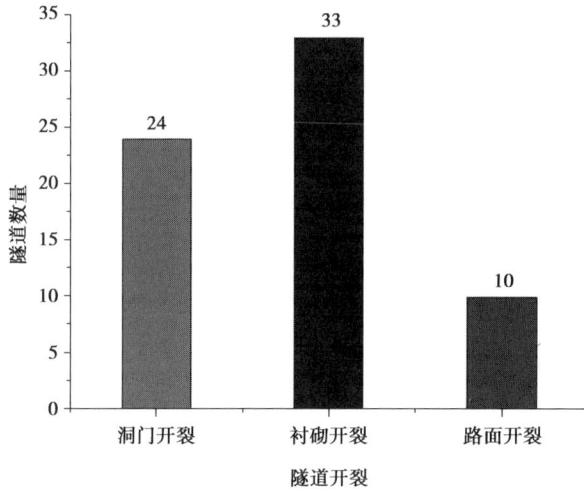

图 2-4　隧道裂缝分类及统计

1)衬砌开裂

根据衬砌裂缝的分布位置及扩展方向,可将其分为环向裂缝、斜向裂缝和纵向裂缝。

(1)环向裂缝,如图 2-5(a)所示。该裂缝通常出现在拱腰或拱肩等区域,然后沿着衬砌结构环向不断扩展。禹海涛等通过数值模拟研究表明沿隧道纵向的地震动导致衬砌上部产生较大的拉应力,进而产生裂缝;该数值计算结果与龙溪隧道的震害调研一致,宽度为 5 ~ 30 mm 的环向裂缝多分布在拱肩和拱顶等区域。此外,地震动沿隧道纵向传播的行波效应也将导致隧道沿纵向的"蛇形变形"效应,进而产生环向裂缝。此外,对于隧道紧急停车带、车行横洞等区域,隧道衬砌结构形式发生变化时,在结构形式变化的衬砌边墙等区域也发生开裂。

(2)斜向裂缝,如图 2-5(b)所示。斜向衬砌裂缝主要分布在隧道两侧,通常从拱脚等区域发起,并以与水平面成 30° ~ 60° 的方向逐渐向上扩展,最终延伸至隧道衬砌施工缝或拱肩等区域。斜向裂缝主要表现为剪张裂缝和剪切裂缝。此外,衬砌结构形式发生变化的配电箱孔洞,由于局部应力集中和变形不协调等,容易在配电箱孔洞角落发生开裂,并逐渐向隧道拱顶及拱脚等区域延伸,例如在龙溪隧道可以发现该类裂缝。

(3)纵向裂缝,如图 2-5(c)所示。沿隧道轴线延伸的纵向衬砌裂缝主要出现在地层相对均匀的区域,并且在地震作用下围岩体发生较大的横向剪切或挤压变形,导致纵向裂缝的产生并沿隧道纵向延伸很长的距离。纵向裂缝的长度通常比横向裂缝和斜裂缝大,甚至超过隧道的直径而延伸很远。

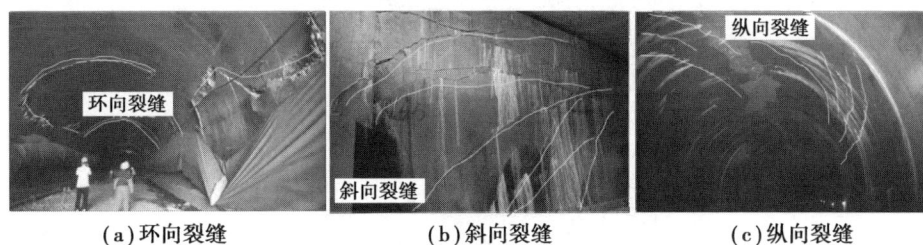

(a)环向裂缝　　　　　　(b)斜向裂缝　　　　　　(c)纵向裂缝

图 2-5　隧道衬砌裂缝典型类型及分布

图 2-6 给出了上述 3 种裂缝的示意图。

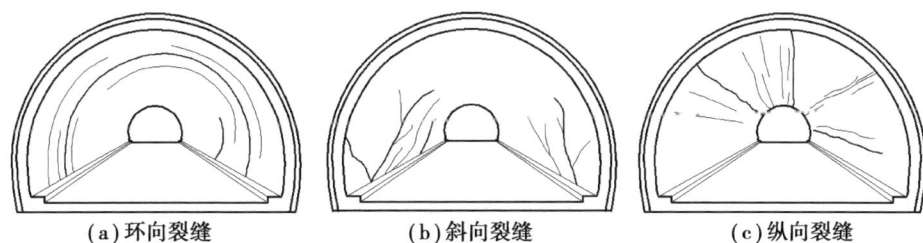

(a)环向裂缝　　　　　　(b)斜向裂缝　　　　　　(c)纵向裂缝

图 2-6　衬砌裂缝示意图

2)洞门开裂

隧道洞门区域由于覆土较浅,地表加速度的放大效应导致的结构地震动强度较大,因此震害也相对比较严重。其中,较典型的裂缝类型如图 2-7 所示,位于左右两侧拱肩,是覆土层的横向挤压、剪切效应导致的;随后,裂缝会沿隧道纵向延伸一段距离。此外,洞门区域的裂缝也多发生在边墙的配电箱、消防栓和避车带等衬砌结构形式发生变化的区域。这种裂缝出现的原因在于地震动引起结构不规则位置的应力集中,衬砌变形不协调导致这些位置的震害较规则部位严重。

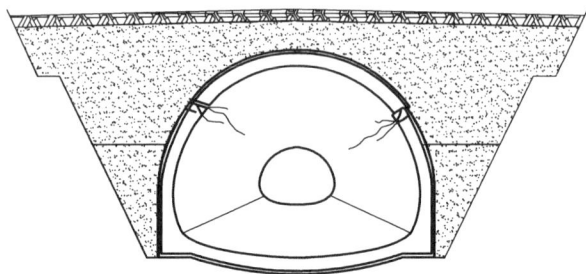

图 2-7　洞门开裂示意图

3)路面开裂

震中附近的隧道结构均遭遇不同程度的路面开裂。调研结果表明都江堰—映秀高速公路隧道的路面开裂占隧道总长度的 8.78%。根据路面开裂的分布形态和成因可以将其分为横向裂缝和纵向裂缝,如图 2-8 所示。其中,横向裂缝多发生在不同等级围岩的交接处,围岩间的差动效应导致路面发生横向剪切破坏。这类裂缝通常首先发生在衬砌拱脚处,并向路面中心逐渐延伸;例如,龙溪隧道路面多处发生宽度为 2 ~ 20 cm 的横向开裂;龙洞子隧道的横向开裂宽度也达 3 ~ 4 cm,同时错台高度为 2 cm。纵向裂缝主要由张拉应力和负弯矩引起,通常位于路面中心并且沿隧道结构轴线延伸很长的距离;例如,龙溪隧道路面有 10 余条长裂缝,最长裂缝达到 20 m。图 2-9 给出了上述两种路面开裂的示意图。

(a)横向裂缝　　　　　　　(b)纵向裂缝

图 2-8　路面开裂

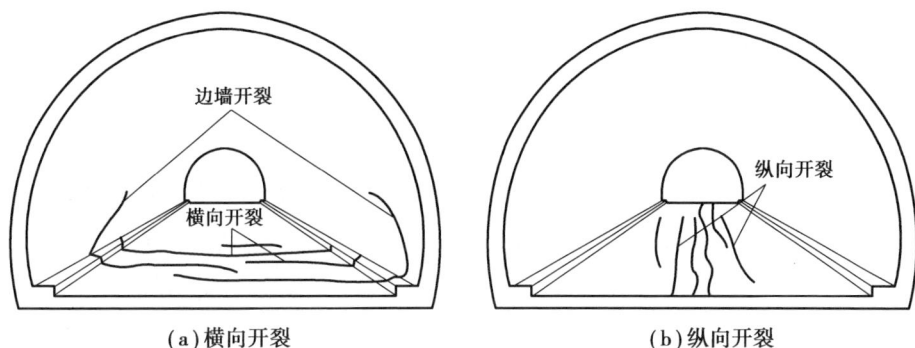

（a）横向开裂 　　　　　　　　　　（b）纵向开裂

图 2-9　路面开裂示意图

2.3.2　混凝土剥落

　　二次衬砌混凝土剥落是震中附近较为严重的隧道震害之一。在发生混凝土剥落时通常伴随网状保护层剥落，钢筋外露扭曲，衬砌开裂、压溃或者剪溃等现象，如图 2-10 所示。这类震害多出现在衬砌背后围岩较差或者存在背后空洞的区域，在地震动作用下衬砌背后围岩不能提供支撑力形成完整的承载环，因此衬砌结构呈现出局部弯压状态，当压应力超过混凝土的抗压强度时，混凝土局部压溃失效。衬砌混凝土剥落较严重时将导致衬砌结构局部丧失承载能力，进而可能导致整个衬砌结构发生大变形。

图 2-10　衬砌混凝土剥落

2.3.3 剪切破坏

不同级别的围岩或者断层破碎带在地震作用下如果出现剪切位移,隧道等线性结构物将发生严重破坏,而不管结构本身刚度如何。地层发生剪切位移的同时隧道结构发生横向剪切,并伴随着衬砌开裂、掉块、钢筋横向挠曲等破坏现象,如图 2-11 所示。针对龙溪隧道的震害研究表明:该隧道地质条件复杂,岩层软硬相间且地层的岩性差异较大。隧道左线围岩以软质泥岩为主,岩体较为破碎,层间常常夹有薄煤层。地震作用下,不同地层发生非一致振动并产生相对滑动,导致震害发生。图 2-12 所示为洞门附近软硬岩层界面剪切错动导致震害发生的示意图。

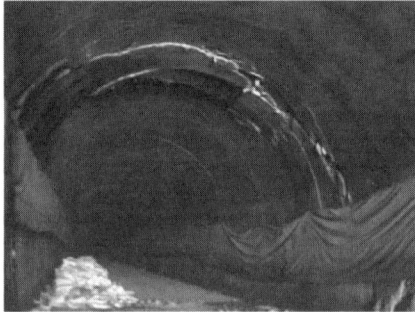

图 2-11　衬砌剪切破坏

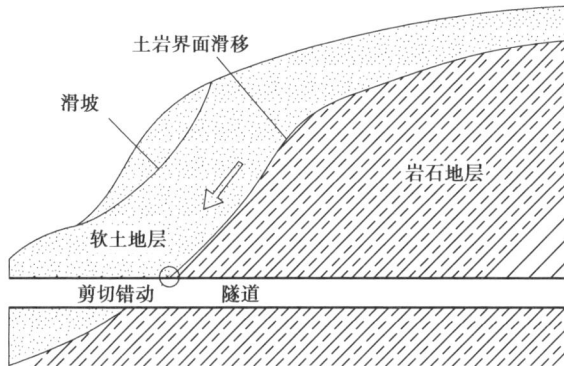

图 2-12　土岩界面处衬砌剪切破坏示意图

2.3.4　错　台

采用矿山法施工的岩石隧道在施作二次衬砌时通常采用 8～15 m 长的模板台车架立模板进行整体浇注,同时在环与环之间不可避免地会留下施工缝。因此山岭隧道二次衬砌可被视为由模筑混凝土环拼接而成的非连续体,而衬砌结构错台主要是指各衬砌环之间施工缝处的差动位移。在地震作用下,该伸缩缝两侧极易发生非一致响应,导致差动位移的产生,如图 2-13 所示。此外,矿山段爆破导致超挖欠挖,同时衬砌背后填充不密实,在地震作用下围岩与衬砌之间荷载传递模式的改变,导致衬砌位移调整,出现衬砌环间的差动位移。

图 2-13　二次衬砌错台

2.3.5　拱底隆起

震中附近的龙溪隧道、烧火坪隧道、紫坪铺隧道等均出现了不同程度的拱底隆起并沿隧道纵向延伸,隆起高度为 20～120 cm,如图 2-14 所示。值得注意的是,无中央排水沟的隧道结构较少遭遇拱底隆起:路面下方的中央排水沟降低了拱底的完整性,形成局部空腔;此外,中央排水沟混凝土材料与拱底回填材料的物理性质及刚度差异较大,在地震作用下容易导致应力集中及非协调变形,沿中轴线发生拉裂破坏,进而导致拱底隆起等震害,如图 2-15 所示。例如,龙溪隧道里程 K24+000～24+120、K24+140～24+250、K24+300～24+511、K24+728～24+755 等区段均发生明显的拱底隆起,其隆起高度为 30～60 cm。

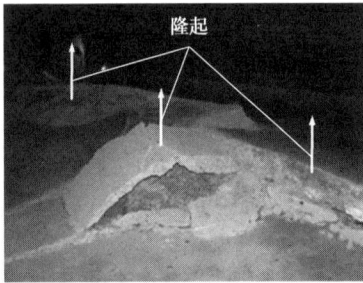

图 2-14　隧道拱底隆起

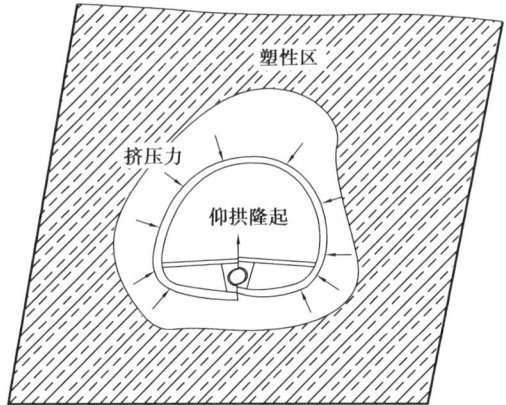

图 2-15　拱底隆起破坏机理示意图

2.3.6　垮　塌

1)衬砌崩塌

衬砌结构崩塌是指二衬混凝土结构彻底失效,发生大面积掉落、崩塌,而围岩体和初支尚能暂时保持一定的稳定性。震害调研表明,对于隧道紧急停车带等隧道衬砌结构形式发生变化的区域,地震作用下结构刚度变化导致受力和变形不协调,从而导致在结构形式变化的衬砌边墙发生开裂、混凝土剥落以及钢筋裸露等震害,甚至发生二次衬砌混凝土发生大面积坍塌,如图 2-16 所示;同时,衬砌结构形式同样发生变化的车行横洞等区域也发生混凝土衬砌的局部掉块等。此外,遭遇衬砌崩塌最典型的是都汶公路龙溪隧道,该隧道位于映秀大断裂(F3)与龙溪断裂(F2)之间,部分区域岩体十分破碎,各大小断层破碎带导致左右洞全断面崩塌共计 295 m,其中 F8 断层两侧约 100 m 范围内出现二衬混凝土崩落。该类震害主要发生在拱顶及拱肩等区域,当隧道穿越断层破坏带或衬砌背后存在大面积空洞时容易发生;衬砌背后松散岩体在地震动作用下与衬砌结构产生非一致振动,松散区域进一步扩大,岩块之间发生错动位移,逐渐出现位移和应力的重分配,进而过度挤压衬砌结构,导致衬砌结构发生开裂、裂缝扩展、大面积掉块、崩塌,其机理示意图如图 2-17 所示。

图 2-16　二次衬砌崩塌

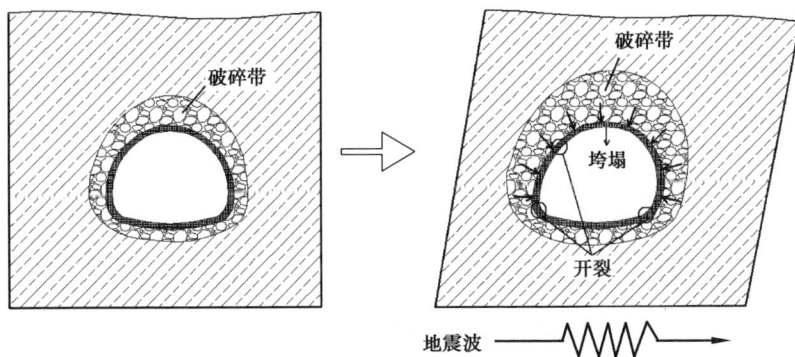

图 2-17　二衬崩塌破坏机理示意图

2)隧道垮塌

隧道局部区段的整体垮塌是汶川地震隧道最严重的震害,其中穿越 F8 断层的龙溪隧道坍塌范围最大,震害最严重,如图 2-18 所示。F8 断层为一逆断层,断层走向东西,与隧道轴线呈 30°斜向相交,在地震作用下左右两侧围岩体发生明显的剪切错动,巨大的强制位移导致隧道结构彻底失效,破碎带松散的岩土体涌入隧道,形成隧道整体垮塌。断层破碎带作用机理示意图如图 2-19 所示。

图 2-18　隧道整体垮塌

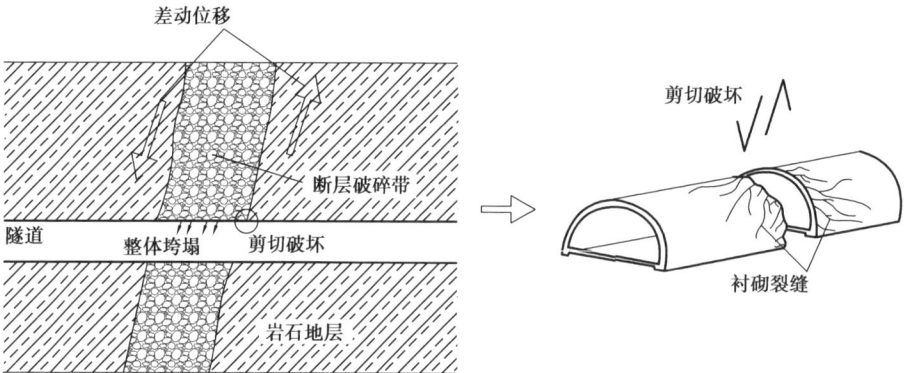

图 2-19　断层破碎带作用机理示意图

2.4　震害统计

已有的文献资料表明,受灾区不同隧道结构的破坏模式及震害程度差异性较大。因此,进一步完善已有的震害调研数据库,本书将各隧道的基本信息及震害情况进行统计,如表 2-1 所示。

表 2-1　隧道基本信息及震害汇总表

隧道名称	L	ED	EI	TT	AG	FA	C/O	POC	LC¹	PAC	S	SF	D	PU	LC²	LRC
龙溪隧道	3691	2.3	XI	ET	Y	1	C	√	√	√	√	√	√	√		√
酒家垭隧道	2285	9.6	XI	CRT	Y	6	C	√	√	√	√			√		√
友谊隧道	950	2.4	XI	CRT	Y	3	O	√	√	√	√	√	√	√	√	
白云顶隧道	450	6.5	XI	CRT	Y	2	O	√	√	√			√	√	√	
紫坪铺隧道	4081	7.3	XI	ET	Y	10	C	√	√	√	√	√	√	√	√	
龙洞子隧道	1070	8	XI	ET	Y	4	C	√	√	√	√	√	√	√	√	
烧火坪隧道	450	1.3	XI	ET	Y	1	C	√	√	√		√	√	√		
牛角垭隧道	1614	4	XI	CRT	Y	/	O	√	√				√	√		
皂角湾隧道	1926	6.6	XI	CRT	Y	0	O	√	√		√		√			
龙池隧道	1177	7.2	XI	CRT	Y	4	O	√	√	√	√	√	√	√		
耿达隧道	938	17.5	IX	CRT	Y	/	C	√	√							
彻底关隧道	403	18.2	IX	CRT	Y	0	O	√	√	√	√					
桃关隧道	625	22.5	IX	CRT	Y	/	O	√	√	√						
草坡隧道	759	26	IX	CRT	Y	0	O	√	√							
三盘子隧道	/	13.2	VIII	CRT	Y	/	O	√	√							
马鞍石隧道	282	7.3	X	CRT	Y	1	O	√	√	√	√					
毛家湾隧道	399	12.3	X	CRT	N	0	O	√	√							

032 / 岩石隧道刚度变化段地震响应分析方法与灾变机制

隧道名称	L	ED	EI	TT	AG	FA	C/O	POC	LC¹	PAC	S	SF	D	PU	LC²	LRC
蟠龙山隧道	381	14	X	CRT	Y	/	C	√			√					
福堂隧道	300	18.5	X	CRT	N	0	O		√							
福堂坝隧道	2365	28	X	CRT	N	/	O	√	√							
单坎梁子隧道	1567	35	X	CRT	Y	1	O	√	√							
狮子坪隧道	/	>50	VI	CRT	Y	/	C		√							
屈家坡隧道	601	33	VI	ET	Y	0	O		√							
马福隧道	/	>50	VII	CRT	Y	/	C		√							
田家坝隧道	/	>50	VII	CRT	N	/	C		√							
草米岗隧道	/	>50	VII	CRT	Y	/	C		√							
洪福隧道	/	>50	VII	CRT	Y	0	C		√							
弯弓隧道	/	>50	VI	CRT	N	0	C		√							
顺河隧道	/	>50	VII	CRT	N	/	C		√							
板羊隧道	/	>50	VII	CRT	N	/	C		√							
银杏隧道	/	12	VIII	CRT	N	/	O	√								
华燕子隧道	570	18	VIII	CRT	Y	/	C		√							
陈家山1号隧道	/	21.1	VIII	CRT	N	/	O		√							
陈家山2号隧道	/	21.5	VII	CRT	N	/	O		√							

分水岭隧道	1300	22	Ⅷ	ET	Y	/	O	✓	✓
邱家坡隧道	/	33	Ⅷ	CRT	Y	/	O	✓	✓
明月峡隧道	1285	38	Ⅷ	CRT	Y	/	O	✓	
飞仙关隧道	384	44.7	Ⅷ	CRT	Y	/	O	✓	✓
西泉岩隧道	150	28	Ⅸ	CRT	N	/	O		
飞沙关隧道	100	30.5	Ⅵ	CRT	N	/	O		
石梯沟隧道	371	43	Ⅶ	ET	Y	/	O		
青林坡隧道	255	40	Ⅷ	CRT	N	/	O		
石瓮子隧道	1300	42	Ⅷ	ET	Y	/	O		
关垭子隧道	696	43	Ⅷ	ET	Y	/	O		
羊家沟隧道	713	45	Ⅷ	ET	Y	0	O		
西盘关隧道	30	>50	Ⅷ	CRT	N	/	O		
小丘地隧道	/	>50	Ⅵ	CRT	Y	/	O		
酒家棚隧道	/	>50	Ⅵ	CRT	N	/	O		
扎古老隧道	/	>50	Ⅵ	CRT	N	/	O		
萝卜岗隧道	/	>50	Ⅵ	CRT	N	/	C		
鹧鸪山隧道	/	>50	Ⅵ	CRT	N	/	O		
狮子口隧道	100	>50	Ⅵ	CRT	N	/	O		
雪曲 1 号隧	200	>50	Ⅵ	CRT	Y	/	O		

续表

隧道名称	L	ED	EI	TT	AG	FA	C/O	POC	LC¹	PAC	S	SF	D	PU	LC²	LRC
雪曲 2 号隧	60	>50	VI	CRT	N	/	O									
白熊沟隧道	179	>50	VI	CRT	N	/	O									

注:①CRT=Common road tunnel(普通公路隧道),ET=Expressway tunnel（高速公路隧道）,Y=Yes,N=No。

②表格内各类缩写标识符如下:L—length(隧道长度),ED—earthquake distance(震中距),EI—earthquake intensity(地震动烈度),TT—tunnel type(隧道类型),AG—adverse geology(不良地质),POC—portal cracking(洞门开裂),LC¹—lining cracking(衬砌开裂),PAC—pavement cracking(路面开裂),S—spalling(衬砌剥落),SF—shear failure(剪切破坏),D—dislocation(错台),P—pavement uplift(路面隆起),LC²—lining collapse(衬砌垮塌),LRC—lining and surrounding rock collapse(衬砌和围岩整体垮塌)。

2.5　震害影响分析

不同隧道的结构形式、埋深及所处地质条件的差异性较大,因此隧道震害的发展过程和产生机理较复杂。本节将进一步研究地震烈度与典型震害之间的关系,为隧道的破坏程度评价和提出针对灾后加固和修复的措施提供参考。统计分析表明,对隧道震害影响较大的因素主要包括地震烈度、震中距、隧道埋深等。对于不同的震害类型,由于较严重的震害,如衬砌剪切破坏、错台、拱底隆起及垮塌等仅发生在Ⅺ度区,较少出现在Ⅹ度及以下地震区域;而衬砌开裂和混凝土剥落是较典型且最常见的破坏类型。因此,在建立地震烈度、震中距的震害影响关系时,只考虑衬砌开裂和混凝土剥落两种破坏类型。

2.5.1　地震烈度

地震烈度是代表地震受灾区不同地震动强度的综合指标,该等级代表了该区域构筑物的震害程度。地震烈度等级越高,表明该区域震动越强,结构物受损也越严重。根据目前隧道结构抗震设计规范,通常假定隧址区域的抗震设防烈度来进行隧道抗震设计,并保证隧道结构在设防烈度下安全运营。然而,汶川地震时,震中附近隧道均处于高烈度区,震动强度远高于结构抗震设防烈度,因此隧道结构震害严重。如图 2-20—图 2-21 所示分别为地震烈度与衬砌开裂、混凝土剥落之间的统计关系。可以看出在所有震害类型中,衬砌裂缝最为普遍,对于Ⅶ—Ⅸ度区域,29 条隧道中有 22 条隧道发生开裂;Ⅹ度和Ⅺ度区域所有隧道均发生开裂。然而,当地震烈度低于Ⅶ时,10 条隧道中仅有 1 条隧道发生开裂。因此,地震烈度Ⅶ是衬砌发生开裂的重要分界线。相比之下,衬砌混凝土剥落仅发生在Ⅸ—Ⅺ度区,并且地震烈度越大,发生该类隧道震害的比例也越高。此外,对于Ⅷ度及以下地区,没有遭遇该类震害。所以,地震烈度Ⅸ是混凝土衬砌发生剥落的分界线。

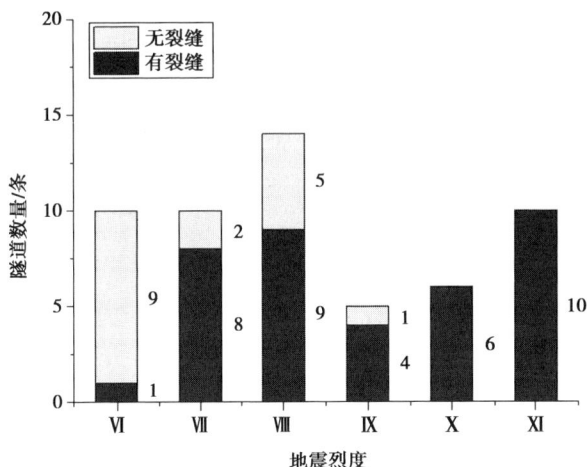

图 2-20　地震烈度与衬砌开裂的统计关系

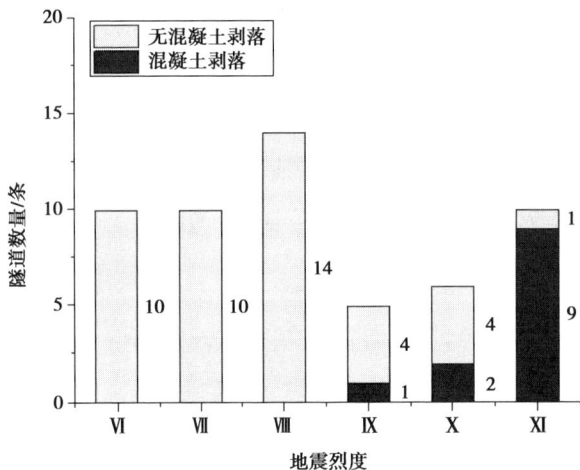

图 2-21　地震烈度与混凝土剥落的统计关系

2.5.2　震中距

　　震中附近的隧道由于紧邻的活动断层释放巨大的冲击力作用而极易发生严重的破坏;随着距离震中越远,由于地震波在地层中传播而耗散能量,隧道结构的震害程度通常会逐渐降低。如图 2-22—图 2-23 所示为震中距与衬砌开裂、衬砌混凝土剥落的统计关系图。当震中距小于 25 km 时,所有隧道均遭遇不同程度的衬砌开裂;而当震中距大于 25 km 时,隧道发生开裂的比例迅速下降,约为 50%。因此,25 km 可以看作震中距的隧道是否发生开裂的影响分界线。相比而言,当隧道的震中距小于 10 km 时,几乎所有隧道均遭遇混凝土剥落;而震中距大于 10 km 时,发生该类震害的比例明显降低:仅两条隧道发生混凝土剥落。当震中距大于 25 km 时,没有隧道发生该类震害。

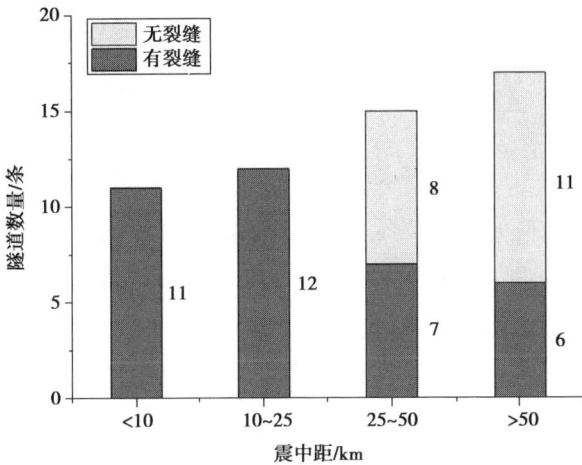

图 2-22　震中距与衬砌开裂的统计关系

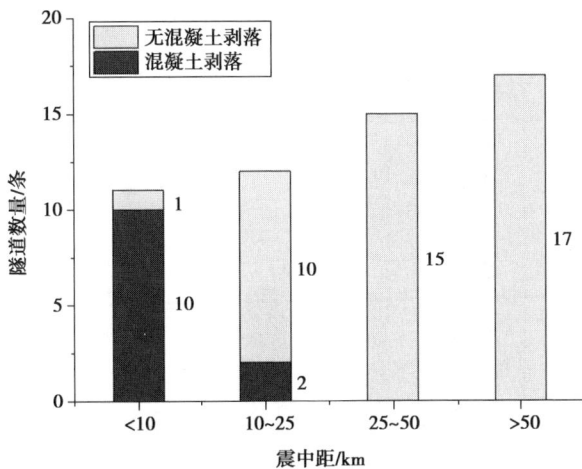

图 2-23　震中距与混凝土剥落的统计关系

2.5.3 埋 深

　　隧道埋深越大,受地层约束作用越强,发生震害的可能性理论上就越小。相反,隧道位于软弱地层中或者埋深较浅时,发生震害的可能性和严重程度理论上就越高。如图 2-24 所示,当隧道结构埋深小于 10 m 时,约 50% 的隧道结构遭到不同程度的破坏。这是由于地震波传播至地面时,波的反射和折射造成能量释放,因此浅埋隧道特别是靠近滑坡面的隧道会吸收大量地震能量从而出现震害。岩性较好的围岩中,隧道结构埋深越大,隧道震害相应减轻。此外,地面震动在地震中较为显著,洞口段相对于深埋隧道区段的变形较大。地层振动的放大作用产生的土压力会以水平力的形式作用在浅埋隧道的衬砌上,从而在拱肩部位引起弯拉应力造成破坏。由于隧道浅埋区段的围岩通常较为松散,加之隧道边仰坡在地震中的放大作用,浅埋区段会产生较大位移而容易发生震害。隧道受地震作用发生振动,引起左右拱肩在不同时刻交替出现拉压应力。同时,隧道沿横截面发生剪切变形,衬砌的最大拉应力均出现在拱肩和拱脚且均大于混凝土抗拉强度,进而在相应部位出现地震裂缝,如图 2-25 所示。随着埋深的增大,结构发生破坏的比例明显降低,当埋深大于 40 m 时,仅约 1% 的隧道结构发生破坏。因此,上覆地层的埋深对隧道结构震害影响十分明显。

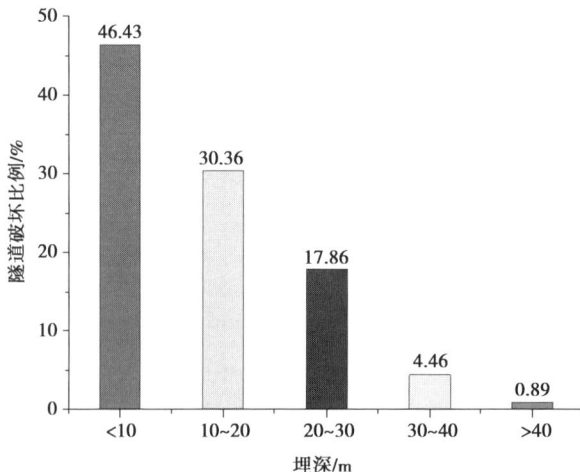

图 2-24　隧道埋深与震害比例的关系

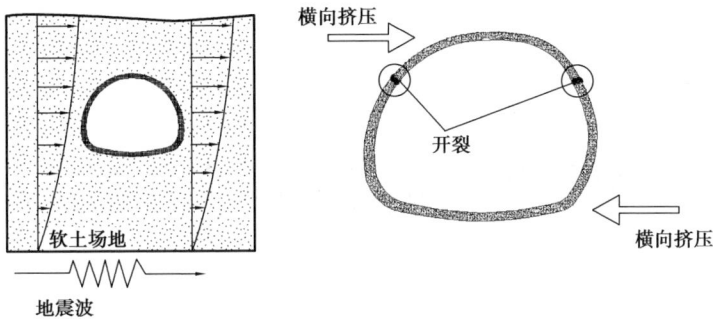

图 2-25　浅覆土隧道震害机理示意图

2.6　小　结

本章首先对汶川地震的发生机理及影响范围进行了分析,并统计了不同烈度区内的隧道数量和分布情况。统计数据表明受灾区的 55 条隧道中,约 70% 的隧道结构遭到不同程度的破坏;然后,综合考虑震害出现位置、破坏特征等因素将隧道震害分为开裂、混凝土剥落、剪切破坏、错台、路面隆起及垮塌等 6 类,并针对上述震害的破坏特征及产生机理进行了初步分析;最后基于统计数据建立了地震烈度、震中距与典型震害类型之间的关系,并得到诸多有益定量结论,如:

(1)地震烈度Ⅶ是衬砌发生开裂的重要分界线;

(2)当震中距小于 25 km 时,所有隧道均遭遇不同程度的衬砌开裂,同时当震中距小于 10 km 时,几乎所有隧道均遭遇混凝土剥落;

(3)当埋深大于 40 m 时,仅约 1% 的隧道结构发生破坏。

此外,震害统计分析表明,在衬砌结构形式发生变化的隧道紧急停车带、衬砌侧墙配电箱孔洞及车行横洞区域等,衬砌结构形式局部或整体的变化,导致地震动作用下结构受力和变形不协调,进而产生开裂、混凝土剥落及二次衬砌崩塌等严重震害。因此,衬砌结构形式和刚度变化是导致隧道发生严重震害的重要原因。

第3章 变刚度隧道地震响应简化分析方法

3.1 引 言

第2章针对汶川地震中隧道结构震害统计表明,隧道衬砌在地震作用下可能会遭遇从开裂到整体垮塌等不同程度的破坏;其中,隧道紧急停车带等衬砌结构形式和刚度发生变化的区域可能遭遇结构开裂、混凝土剥落甚至二次衬砌崩塌等严重震害。同时针对衬砌裂缝的统计和分析表明,纵向地震动及地震传播过程中的行波效应是导致隧道发生环向开裂的重要原因。特别地,针对采用组合工法修建的隧道,隧道衬砌截面形式的改变和结构刚度的变化都将导致不同隧道区段地震响应的差异,出现动力变形不协调及局部应力集中等。因此,针对变刚度隧道沿纵向的地震响应分析显得至关重要。

在对隧道抗震简化计算方法进行研究时,多数学者将隧道纵向地震响应假定为弹性地基上梁的振动问题来进行分析。将隧道结构简化为弹性地基梁,通过有限差分法计算衬砌结构在面波作用下的响应。Sanchez-Merino 等将隧道结构假定为 Timoshenko 梁,求解了纵向面波激励下的衬砌位移和内力响应。陈涛也将隧道简化为 Timoshenko 梁,研究了谐波荷载激励下隧道结构的纵向动力响应,并提出了纵向抗减震方法。Park 等采用拟静力数值模拟分析了非一致地震激励下隧道结构的动力响应。Li 和 Song 等建立了隧道结构在非一致地震激励下的数值建模方法。然而,已有研究都是针对纵向均匀截面的隧道结构,没有考虑隧道结构形式和衬砌刚度沿纵向的变化。

为弥补现有计算方法的不足,本章首先通过傅里叶变换原理将任意地震动分解为多个简谐波荷载;同时将隧道简化为变刚度弹性地基梁,并引入简谐波相位角模拟地震动沿纵向的行波传递效应,通过边界条件求解任意简谐波作用下隧道动力响应的微分控制方程,并得到变刚度隧道沿纵向的地震响应解析表达式,然后在频域内叠加多个简谐波作用下隧道的动力响应,最终得到变刚度隧道在任意地震荷载作用下的动力响应。通过该简化计算方法,分析变刚度隧道沿纵向的地震动响应特征,并针对不同围岩等级、不同对接段结构刚度及不同地震波等因素展开参数敏感性分析。

3.2　隧道变刚度段纵向地震响应快速算法

本书在研究岩石地层变刚度隧道时,假定隧道结构采用盾构法掘进和矿山法进行组合开挖。此外,在进行工法对接段时涉及复杂的施工转换和衬砌结构形式的变化,因此工法对接段通常位于稳定性较好的岩石地层。所以,在进行变刚度隧道的地震响应分析时不考虑距离对接段较远软土层的影响,只考虑对接段区域处的岩石地层。隧道变刚度段通常包括以下 4 种具有不同衬砌形式的典型区段(图 3-1):

(1)盾构隧道段(以下简称"盾构段"),隧道衬砌由预制管片拼接而成,结构刚度相对较小;

(2)矿山法隧道段(以下简称"矿山段"),采用喷射混凝土和现浇混凝土进行支护;

(3)内衬加强的盾构隧道段(以下简称"内衬加强盾构段"),为了过渡管片隧道与右侧对接段复合衬砌隧道之间的刚度差异,采用现浇混凝土内衬进行加强;

(4)中间的复合衬砌段,采用矿山法开挖,衬砌结构包括喷射混凝土、盾构管片环及现浇混凝土等,结构刚度较大;可在该区段洞室内完成盾构机械的拆卸。

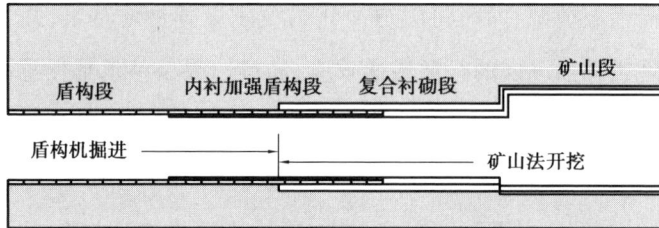

图 3-1 变刚度隧道纵向布置图

隧道为长线状结构,因此将其简化为置于 Winkler 地基上的 Euler-Bernoulli 梁,如图 3-2 所示;同时,不考虑隧道沿纵向的拉压变形和沿横向的剪切变形。对该 Winkler 弹性地基模型作如下假定:

(1)坐标原点为内衬加强盾构隧道段与复合衬砌对接段的交点;

(2)各隧道区段通过弹簧与地基相连,其弹簧刚度分别为 K_{h1},K_{h2},K_{h3} 和 K_{h4};

(3)各区段隧道横截面的惯性矩为 I_1,I_2,I_3 和 I_4;

(4)各隧道区段的抗弯刚度分别为 EI_1,EI_2,EI_3 和 EI_4。

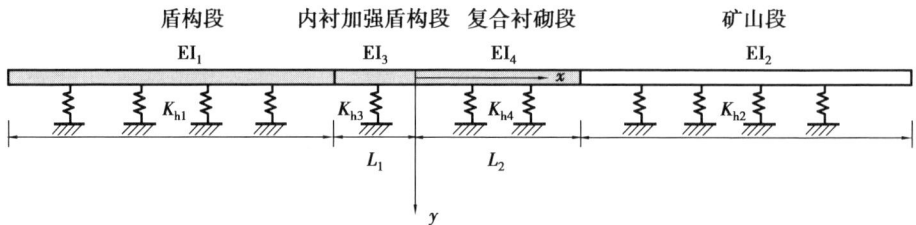

图 3-2 Winkler 弹性地基模型

进行隧道结构地震响应分析时,多将加速度、速度或者位移作为输入地震动作用在围岩或结构上。动力时程通常是具有等时间间隔读取的离散样本。假如各样本点的时间间隔为 Δt,总的样本数为 N,则地震动的整个时长表示为:

$$T = N \cdot \Delta t \tag{3-1}$$

假设每个样本值为 $x_m(m=0,1,2,\cdots,N-1)$，则在时刻 $t=m\cdot\Delta t$ 时地震动荷载可写为：

$$x_m = x(m\cdot\Delta t) \tag{3-2}$$

也可以采用三角级数将地震波函数表示为：

$$\begin{cases} A_0+A_1\cos t+A_2\cos 2t+\cdots+A_k\cos kt+\cdots \\ B_0+B_1\sin t+B_2\sin 2t+\cdots+B_k\sin kt+\cdots \end{cases} \tag{3-3}$$

或改写成求和的形式：

$$\sum_{k=0}^{\infty}\left[A_k\cos kt + B_k\sin kt\right] \tag{3-4}$$

当 $t\to\dfrac{2\pi}{N\Delta t}t$ 时，求和公式表示为：

$$\sum_{k=0}^{\infty}\left[A_k\cos\frac{2\pi kt}{N\Delta t} + B_k\sin\frac{2\pi kt}{N\Delta t}\right] \tag{3-5}$$

如果在 $k=N/2$ 处截断，则变成有限三角级数。此外，对于第 m 个样本点，即时刻为 $t=m\cdot\Delta t$ 时，x_m 表示为：

$$x_m = \sum_{k=0}^{N/2}\left[A_k\cos\frac{2\pi}{N} + B_k\sin\frac{2\pi}{N}\right] \tag{3-6}$$

当 $k=0,k=N/2$ 时可得：

$$\tag{3-7}$$

当 $k=0$ 时，有：

$$A_0\cos\frac{2\pi}{N}=A_0 \tag{3-8}$$

同时，将 $A_0,A_{N/2}$ 改写为 $A_0/2,A_{N/2}/2$，则 x_m 变为如下形式：

$$x_m = \frac{A_0}{2} + \sum_{k=1}^{N/2-1}\left[A_k\cos\frac{2\pi}{N} + B_k\sin\frac{2\pi}{N}\right] + \frac{A_{N/2}}{2}\cos\frac{2\pi(N/2)m}{N} \tag{3-9}$$

根据三角级数变换原理和正交条件，可得：

$$\begin{cases} \displaystyle\sum_{m=0}^{N-1} \cos \frac{2\pi km}{N} = \begin{cases} N & k=0 \\ 0 & k\neq 0 \end{cases} \\[18pt] \displaystyle\sum_{m=0}^{N-1} \cos \frac{2\pi (N/2) m}{N} \cos \frac{2\pi km}{N} = \begin{cases} N & k=N/2 \\ 0 & k\neq N/2 \end{cases} \end{cases} \tag{3-10}$$

用参数 l 代替参数 k，并且在 x_m [式(3-9)] 等式两边同时乘以 $\cos\left(\dfrac{2\pi}{N}\right)$：

$$x_m \cos \frac{2\pi}{N} = \frac{A_0}{2}\cos \frac{2\pi}{N} + \sum_{l=1}^{N/2-1}\left[A_l \cos \frac{2\pi}{N}\cos \frac{2\pi}{N} + B_l \sin \frac{2\pi}{N}\cos \frac{2\pi}{N}\right] +$$
$$\frac{A_{N/2}}{2}\cos \frac{2\pi (N/2) m}{N}\cos \frac{2\pi}{N} \tag{3-11}$$

通过求和可得：

$$\sum_{m=0}^{N-1} x_m \cos \frac{2\pi}{N} = \sum_{l=1}^{N/2-1} A_l \left[\sum_{m=0}^{N-1} \cos \frac{2\pi lm}{N}\cos \frac{2\pi lm}{N}\right] \tag{3-12}$$

因此 A_k , B_k 可表示为：

$$\begin{cases} A_k = \dfrac{2}{N}\displaystyle\sum_{m=0}^{N-1} x_m \cos \frac{2\pi km}{N} & k=0,1,2,\cdots,\dfrac{N}{2}-1,\dfrac{N}{2} \\[18pt] B_k = \dfrac{2}{N}\displaystyle\sum_{m=0}^{N-1} x_m \sin \frac{2\pi km}{N} & k=0,1,2,\cdots,\dfrac{N}{2}-1 \end{cases} \tag{3-13}$$

将 x_m 通过 A_k , B_k 表示为：

$$\tilde{x}(t) = \frac{A_0}{2} + \sum_{k=1}^{N/2-1}\left[A_k \cos \frac{2\pi kt}{N\Delta t} + B_k \sin \frac{2\pi kt}{N\Delta t}\right] + \frac{A_{N/2}}{2}\cos \frac{2\pi (N/2) t}{N\Delta t} \tag{3-14}$$

在不考虑地震动直流分量 $A_0/2$ 时，将地震波分解为正弦波和余弦波，同时假定

$$f_k = \frac{k}{N\Delta t} \tag{3-15}$$

因此波函数改写为：

$$\tilde{x}(t) = \frac{A_0}{2} + \sum_{k=1}^{N/2-1}\left[A_k \cos 2\pi f_k t + B_k \sin 2\pi f_k t\right] + \frac{A_{N/2}}{2}\cos 2\pi f_{N/2} t \tag{3-16}$$

根据三角函数的基本性质,在式(3-16)中令:

$$\begin{cases} X_k = \sqrt{A_k^2 + B_k^2} \\ \varphi_k = \arctan\left(-\dfrac{A_k}{B_k}\right) \quad -\pi < \varphi_k < \pi \end{cases} \tag{3-17}$$

因此,将地震波函数进一步表示为:

$$\tilde{x}(t) = \frac{X_0}{2} + \sum_{k=1}^{N/2-1} X_k \cos(2\pi f_k t + \varphi_k) + \frac{X_{N/2}}{2}\cos 2\pi f_{N/2} t \tag{3-18}$$

为便于进行傅里叶变换,通过虚指数函数与三角函数之间的关系,用欧拉公式进行如下变换:

$$\begin{cases} \cos\dfrac{2\pi km}{N} = \dfrac{1}{2}\left[e^{i(2\pi km/N)} + e^{-i(2\pi km/N)} \right] \\ \sin\dfrac{2\pi km}{N} = -\dfrac{1}{2}i\left[e^{i(2\pi km/N)} - e^{-i(2\pi km/N)} \right] \end{cases} \tag{3-19}$$

因此,

$$A_k\cos\frac{2\pi}{N} + B_k\sin\frac{2\pi}{N} = \frac{1}{2}\left[A_k - iB_k\right]e^{i(2\pi/N)} + \frac{1}{2}\left[A_k + iB_k\right]e^{-i(2\pi/N)} \tag{3-20}$$

所以,x_m 进一步改写为:

$$x_m = \frac{1}{2}\sum_{k=0}^{N/2-1}(A_k - iB_k)e^{i(2\pi/N)} + \frac{1}{4}(A_{N/2} - iB_{N/2})e^{i(2\pi m)} + $$
$$\frac{1}{2}\sum_{k=0}^{N/2-1}(A_k + iB_k)e^{-i(2\pi/N)} + \frac{1}{4}(A_{N/2} + iB_{N/2})e^{-i(2\pi m)} \tag{3-21}$$

简化上式可得:

$$x_m = \frac{1}{2}\sum_{k=0}^{N-1}(A_k - iB_k)e^{i(2\pi/N)} \tag{3-22}$$

假定傅里叶系数为:

$$C_k = \frac{A_k - iB_k}{2} \quad k = 0, 1, 2, \cdots, N-1 \tag{3-23}$$

或

$$C_k = \frac{1}{N}\sum_{m=0}^{N-1} x_m\left(\cos\frac{2\pi}{N} - \mathrm{i}\sin\frac{2\pi}{N}\right) \qquad (3\text{-}24)$$

可以得到：

$$x_m = \sum_{k=0}^{N-1} C_k \mathrm{e}^{\mathrm{i}(2\pi/N)} \quad m = 0,1,2,\cdots,N-1 \qquad (3\text{-}25)$$

任意地震动在隧道位置处围岩产生的动位移，可以通过上述傅里叶变换分解为 n 个简谐波分量；因此，地震荷载引起的围岩简谐波位移振动可以表示为：

$$u_{rk} = u_{\max k}\sin\left(\frac{\omega_k}{c_k}x - \omega_k t + \varphi_{0k}\right) \quad k = 1,2,3,\cdots,n \qquad (3\text{-}26)$$

其中，u_{rk} 表示岩石的任意位移正弦波时程，$u_{\max k}$ 表示位移幅值，ω_k 为位移函数的频率；c_k 为地震波传播速度，φ_{0k} 为正弦函数的初始相位角，t 为时间，可模拟行波效应，如图 3-3 所示。

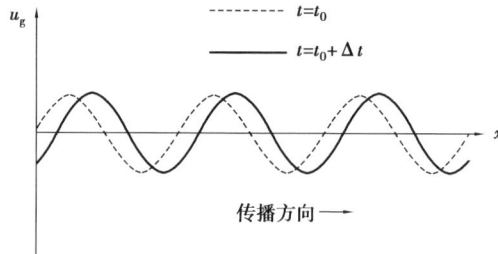

图 3-3　行波效应示意图

将变刚度隧道简化为弹性地基上的无限长梁，并通过弹簧考虑围岩—结构之间的相互作用。隧道梁的弯曲控制方程如下：

$$\mathrm{EI}_a\frac{\mathrm{d}^4 u_{tak}}{\mathrm{d}x_{ak}^4} = P_{ak} \quad a = 1,2,3,4; k = 1,2,3,\cdots,n \qquad (3\text{-}27)$$

式中，EI_a 为变刚度隧道各区段的抗弯刚度；u_{tak} 为变刚度隧道各区段在任意简谐波激励下的位移；P_{ak} 表示衬砌结构与围岩之间的相互作用力。如前所述，通过假定岩石地基对隧道梁的支撑为连续的线性弹簧，因此该相互作用力 P_{ak} 可表示为：

$$P_{ak} = K_{hak}(u_{rak} - u_{tak}) \qquad (3\text{-}28)$$

式中,K_{hak} 为各隧道区段的地基弹性抗力系数,可表示为:

$$K_{hak}=\frac{16\pi\rho V_s^2(1-\upsilon)\,d_a}{3-4\upsilon}\frac{}{\lambda_k}\qquad(3\text{-}29)$$

式中,ρ 为围岩密度,V_s 为围岩横波剪切波速,υ 为围岩泊松比,d 为隧道直径,λ_k 为入射波波长。因此,变刚度隧道的弯曲控制方程可表示为:

$$EI_a\frac{d^4u_{tak}}{dx_k^4}+K_{hak}u_{tak}=K_{hak}u_{rak}\quad a=1,2,3,4;k=1,2,3,\cdots,n\qquad(3\text{-}30)$$

将图 3-2 所示的隧道根据结构刚度的不同分解成 4 段:两侧具有半无限长的弹性地基梁 Region 1(盾构隧道)和 Region 2(矿山法隧道);中间有限长的 Region 3(内衬加强盾构段)和 Region 4(复合衬砌对接段)。为简化角标书写,便于清晰表达,假定任意第 n 阶围岩简谐波位移振动为 $u_r=u_{max}\sin\left(\frac{\omega}{c}x-\omega t+\varphi_0\right)$,该简谐波作用下隧道位移为 u_t,因此可以得到第 n 个简谐波分量作用下每段弹性地基梁形如式(3-31)的弯曲控制方程:

$$\begin{cases}EI_1\dfrac{d^4u_t}{dx^4}+K_{h1}u_t=K_{h1}u_{max}\sin\left(\dfrac{\omega}{c}x-\omega t+\varphi_0\right)&(x<-L_1)\\[2mm]EI_3\dfrac{d^4u_t}{dx^4}+K_{h3}u_t=K_{h3}u_{max}\sin\left(\dfrac{\omega}{c}x-\omega t+\varphi_0\right)&(-L_1\leqslant x\leqslant0)\\[2mm]EI_4\dfrac{d^4u_t}{dx^4}+K_{h4}u_t=K_{h4}u_{max}\sin\left(\dfrac{\omega}{c}x-\omega t+\varphi_0\right)&(0\leqslant x\leqslant L_2)\\[2mm]EI_2\dfrac{d^4u_t}{dx^4}+K_{h2}u_t=K_{h2}u_{max}\sin\left(\dfrac{\omega}{c}x-\omega t+\varphi_0\right)&(L_2<x)\end{cases}\qquad(3\text{-}31)$$

式中,$u_{max}=u_{maxk}$,$K_{hi}=K_{hik}(i=1,2,3,4)$,$\omega=\omega_k$,$c=c_k$,$\varphi_0=\varphi_{0k}$,$k=1,2,3,\cdots,n$,即分别为任意简谐波分量的位移幅值、频率、传播速度、初始相位角。

对于左侧半无限长梁 Region 1($x<-L_1$),求解其弯曲控制方程,得:

$$u_t=e^{\beta_1x}(A_1\cos\beta_1x+B_1\sin\beta_1x)+e^{-\beta_1x}(C_1\cos\beta_1x+D_1\sin\beta_1x)+\frac{a_1u_{max}\sin(bx-\omega t+\varphi_0)}{a_1+b^4}$$

$$(3\text{-}32)$$

式中，$\beta_1 = \sqrt[4]{\dfrac{K_{h1}}{4EI_1}}$，$a_1 = \dfrac{K_{h1}}{EI_1}$，$b = \dfrac{\omega}{c}$，$A_1$、$B_1$、$C_1$ 与 D_1 为待定系数。

在变刚度隧道两端无穷远处，衬砌结构刚度的变化不影响半无限长梁的受力和变形，即半无限长梁在无穷远处具有与无限长等刚度梁一致的位移函数。因此，通过无限长等刚度梁的解析解可得到半无限长梁 Region 1（盾构隧道）在无限远处（$x \to -\infty$）的位移边值条件：

$$u_t = \frac{a_1 u_{max} \sin(bx - \omega t + \varphi_0)}{a_1 + b^4} \tag{3-33}$$

通过式（3-33）可得：$C_1 = D_1 = 0$，因此将半无限长梁 Region 1 的位移函数进一步改写为：

$$u_t = e^{\beta_1 x}(A_1 \cos \beta_1 x + B_1 \sin \beta_1 x) + \frac{a_1 u_{max} \sin(bx - \omega t + \varphi_0)}{a_1 + b^4} \tag{3-34}$$

同样，可以求得矿山法隧道半无限长梁 Region 2（$x > L_2$）的位移表达式：

$$u_t = e^{-\beta_2 x}(C_2 \cos \beta_2 x + D_2 \sin \beta_2 x) + \frac{a_2 u_{max} \sin(bx - \omega t + \varphi_0)}{a_2 + b^4} \tag{3-35}$$

式中，$\beta_2 = \sqrt[4]{\dfrac{K_{h2}}{4EI_2}}$，$a_2 = \dfrac{K_{h2}}{EI_2}$，$b = \dfrac{\omega}{c}$，$C_2$ 与 D_2 为待定系数。

对于有限长梁 Region 3（$-L_1 \leqslant x \leqslant 0$）（内衬加强盾构段）和 Region 4（$0 \leqslant x \leqslant L_2$）（复合衬砌对接段）的位移表达式可通过求解式（3-31）中的第 2 个和第 3 个微分方程得到：

$$\begin{cases} u_t = e^{\beta_3 x}(A_3 \cos \beta_3 x + B_3 \sin \beta_3 x) + e^{-\beta_3 x}(C_3 \cos \beta_3 x + D_3 \sin \beta_3 x) + \\ \quad \dfrac{a_3 u_{max} \sin(bx - \omega t + \varphi_0)}{a_3 + b^4} \quad (-L_1 \leqslant x \leqslant 0) \\ u_t = e^{\beta_4 x}(A_4 \cos \beta_4 x + B_4 \sin \beta_4 x) + e^{-\beta_4 x}(C_4 \cos \beta_4 x + D_4 \sin \beta_4 x) + \\ \quad \dfrac{a_4 u_{max} \sin(bx - \omega t + \varphi_0)}{a_4 + b^4} \quad (0 \leqslant x \leqslant L_2) \end{cases} \tag{3-36}$$

式中，$\beta_3 = \sqrt[4]{\dfrac{K_{h3}}{4EI_3}}$，$a_3 = \dfrac{K_{h3}}{EI_3}$，$b = \dfrac{\omega}{c}$，$\beta_4 = \sqrt[4]{\dfrac{K_{h4}}{4EI_4}}$，$a_4 = \dfrac{K_{h4}}{EI_4}$，$A_3$、$B_3$、$C_3$、$D_3$ 与 A_4、B_4、

C_4、D_4 为待定系数。因此,将变刚度隧道各区段的位移函数表示为:

$$
\begin{cases}
u_t = e^{\beta_1 x}(A_1 \cos \beta_1 x + B_1 \sin \beta_1 x) + \dfrac{a_1 u_{max} \sin(bx - \omega t + \varphi_0)}{a_1 + b^4} & (x < -L_1) \\[3mm]
u_t = e^{-\beta_2 x}(C_2 \cos \beta_2 x + D_2 \sin \beta_2 x) + \dfrac{a_2 u_{max} \sin(bx - \omega t + \varphi_0)}{a_2 + b^4} & (L_2 < x) \\[3mm]
u_t = e^{\beta_3 x}(A_3 \cos \beta_3 x + B_3 \sin \beta_3 x) + e^{-\beta_3 x}(C_3 \cos \beta_3 x + D_3 \sin \beta_3 x) + \\[2mm]
\quad \dfrac{a_3 u_{max} \sin(bx - \omega t + \varphi_0)}{a_3 + b^4} & (-L_1 \le x \le 0) \\[3mm]
u_t = e^{\beta_4 x}(A_4 \cos \beta_4 x + B_4 \sin \beta_4 x) + e^{-\beta_4 x}(C_4 \cos \beta_4 x + D_4 \sin \beta_4 x) + \\[2mm]
\quad \dfrac{a_4 u_{max} \sin(bx - \omega t + \varphi_0)}{a_4 + b^4} & (0 \le x \le L_2)
\end{cases}
\tag{3-37}
$$

对位移函数 u_t 取一阶导数即可得到隧道横截面的转角,因此通过对位移函数 u_t 取二阶和三阶导数,并乘以 $(-EI)$,即可得到隧道结构的弯矩 M 和剪力 Q。在 Region 1 和 Region 3 交界面处($x = -L_1$),通过隧道结构位移、转角、弯矩、剪力的连续性条件可以得到:

$$
\begin{cases}
\lim\limits_{x \to -L_1^-} u_t = \lim\limits_{x \to -L_1^+} u_t \\[2mm]
\lim\limits_{x \to -L_1^-} u_t' = \lim\limits_{x \to -L_1^+} u_t' \\[2mm]
EI_1 \lim\limits_{x \to -L_1^-} u_t'' = EI_3 \lim\limits_{x \to -L_1^+} u_t'' \\[2mm]
EI_1 \lim\limits_{x \to -L_1^-} u_t''' = EI_3 \lim\limits_{x \to -L_1^+} u_t'''
\end{cases}
\tag{3-38}
$$

同样,对于 $x = 0$,$x = L_2$,也存在类似的连续性条件:

$$
\begin{cases}
\lim\limits_{x \to 0^-} u_t = \lim\limits_{x \to 0^+} u_t \\[2mm]
\lim\limits_{x \to 0^-} u_t' = \lim\limits_{x \to 0^+} u_t' \\[2mm]
EI_3 \lim\limits_{x \to 0^-} u_t'' = EI_4 \lim\limits_{x \to 0^+} u_t'' \\[2mm]
EI_3 \lim\limits_{x \to 0^-} u_t''' = EI_4 \lim\limits_{x \to 0^+} u_t'''
\end{cases}
\tag{3-39}
$$

$$\begin{cases} \lim\limits_{x\to L_2^-} u_t = \lim\limits_{x\to L_2^+} u_t \\[6pt] \lim\limits_{x\to L_2^-} u_t' = \lim\limits_{x\to L_2^+} u_t' \\[6pt] \mathrm{EI}_4 \lim\limits_{x\to L_2^-} u_t'' = \mathrm{EI}_2 \lim\limits_{x\to L_2^+} u_t'' \\[6pt] \mathrm{EI}_4 \lim\limits_{x\to L_2^-} u_t''' = \mathrm{EI}_2 \lim\limits_{x\to L_2^+} u_t''' \end{cases} \tag{3-40}$$

将式(3-38)—式(3-40)的连续性进一步整理后可得到如下方程组：

$$\begin{bmatrix} P_{11} & P_{12} & 0 \\ 0 & P_{22} & P_{23} \\ P_{31} & 0 & P_{33} \end{bmatrix}\begin{bmatrix} X_1 \\ X_2 \\ X_3 \end{bmatrix}=\begin{bmatrix} Y_1 \\ Y_2 \\ Y_3 \end{bmatrix} \tag{3-41}$$

式(3-41)中各参数可具体表示为：

$$\boldsymbol{P}_{11}=\begin{bmatrix} \delta_{12} & \gamma_{12} & 0 & 0 \\ \beta_1(\delta_{12}-\gamma_{12}) & \beta_1(\delta_{12}+\gamma_{12}) & 0 & 0 \\ -2\mathrm{EI}_1\beta_1^2\gamma_{12} & 2\mathrm{EI}_1\beta_1^2\delta_{12} & 0 & 0 \\ -2\mathrm{EI}_1\beta_1^3(\delta_{12}+\gamma_{12}) & 2\mathrm{EI}_1\beta_1^3(\delta_{12}-\gamma_{12}) & 0 & 0 \end{bmatrix} \tag{3-42}$$

$$\boldsymbol{P}_{12}=\begin{bmatrix} -\delta_{32} & -\gamma_{32} & -\delta_{31} & -\gamma_{31} \\ -\beta_3(\delta_{32}-\gamma_{32}) & -\beta_3(\delta_{32}+\gamma_{32}) & \beta_3(\delta_{31}+\gamma_{31}) & -\beta_3(\delta_{31}-\gamma_{31}) \\ 2\mathrm{EI}_3\beta_3^2\gamma_{32} & -2\mathrm{EI}_3\beta_3^2\delta_{32} & -2\mathrm{EI}_3\beta_3^2\gamma_{31} & 2\mathrm{EI}_3\beta_3^2\delta_{31} \\ 2\mathrm{EI}_3\beta_3^3(\delta_{32}+\gamma_{32}) & 2\mathrm{EI}_3\beta_3^3(\gamma_{32}-\delta_{32}) & 2\mathrm{EI}_3\beta_3^3(\gamma_{31}-\delta_{31}) & -2\mathrm{EI}_3\beta_3^3(\gamma_{31}+\delta_{31}) \end{bmatrix}$$
$$\tag{3-43}$$

$$\boldsymbol{P}_{22}=\begin{bmatrix} 1 & 0 & 1 & 0 \\ \beta_3 & \beta_3 & -\beta_3 & \beta_3 \\ 0 & 2\mathrm{EI}_3\beta_3^2 & 0 & -2\mathrm{EI}_3\beta_3^2 \\ -2\mathrm{EI}_3\beta_3^3 & 2\mathrm{EI}_3\beta_3^3 & 2\mathrm{EI}_3\beta_3^3 & 2\mathrm{EI}_3\beta_3^3 \end{bmatrix} \tag{3-44}$$

$$\boldsymbol{P}_{23} = \begin{bmatrix} -1 & 0 & -1 & 0 \\ -\beta_4 & -\beta_4 & \beta_4 & -\beta_4 \\ 0 & -2\mathrm{EI}_4\beta_4^2 & 0 & 2\mathrm{EI}_4\beta_4^2 \\ 2\mathrm{EI}_4\beta_4^3 & -2\mathrm{EI}_4\beta_4^3 & -2\mathrm{EI}_4\beta_4^3 & -2\mathrm{EI}_4\beta_4^3 \end{bmatrix} \tag{3-45}$$

$$\boldsymbol{P}_{31} = \begin{bmatrix} 0 & 0 & \delta_{22} & \gamma_{22} \\ 0 & 0 & -\beta_2(\delta_{22}+\gamma_{22}) & \beta_2(\delta_{22}-\gamma_{22}) \\ 0 & 0 & 2\mathrm{EI}_2\beta_2^2\gamma_{22} & -2\mathrm{EI}_2\beta_2^2\delta_{22} \\ 0 & 0 & 2\mathrm{EI}_2\beta_2^3(\delta_{22}-\gamma_{22}) & 2\mathrm{EI}_2\beta_2^3(\delta_{22}+\gamma_{22}) \end{bmatrix} \tag{3-46}$$

$$\boldsymbol{P}_{33} = \begin{bmatrix} -\delta_{41} & -\gamma_{41} & -\delta_{42} & -\gamma_{42} \\ -\beta_4(\delta_{41}-\gamma_{41}) & -\beta_4(\delta_{41}+\gamma_{41}) & \beta_4(\delta_{42}+\gamma_{42}) & -\beta_4(\delta_{42}-\gamma_{42}) \\ 2\mathrm{EI}_4\beta_4^2\gamma_{41} & -2\mathrm{EI}_4\beta_4^2\delta_{41} & -2\mathrm{EI}_4\beta_4^2\gamma_{42} & 2\mathrm{EI}_4\beta_4^2\delta_{42} \\ 2\mathrm{EI}_4\beta_4^3(\delta_{41}+\gamma_{41}) & 2\mathrm{EI}_4\beta_4^3(\gamma_{41}-\delta_{41}) & 2\mathrm{EI}_4\beta_4^3(\gamma_{42}-\delta_{42}) & -2\mathrm{EI}_4\beta_4^3(\gamma_{42}+\delta_{42}) \end{bmatrix}$$

$$\tag{3-47}$$

$$\boldsymbol{X}_1 = \begin{bmatrix} A_2 \\ B_2 \\ C_2 \\ D_2 \end{bmatrix} \tag{3-48}$$

$$\boldsymbol{X}_2 = \begin{bmatrix} A_3 \\ B_3 \\ C_3 \\ D_3 \end{bmatrix} \tag{3-49}$$

$$X_3 = \begin{bmatrix} A_4 \\ B_4 \\ C_4 \\ D_4 \end{bmatrix} \tag{3-50}$$

$$Y_1 = \begin{bmatrix} \varepsilon_3 - \varepsilon_1 \\ b(\eta_3 - \eta_1) \\ b^2(\mathrm{EI}_1 \varepsilon_1 - \mathrm{EI}_3 \varepsilon_3) \\ b^3(\mathrm{EI}_1 \eta_1 - \mathrm{EI}_3 \eta_3) \end{bmatrix} \tag{3-51}$$

$$Y_2 = \begin{bmatrix} \varepsilon_{40} - \varepsilon_{30} \\ b(\eta_{40} - \eta_{30}) \\ b^2(\mathrm{EI}_3 \varepsilon_{30} - \mathrm{EI}_4 \varepsilon_{40}) \\ b^3(\mathrm{EI}_3 \eta_{30} - \mathrm{EI}_4 \eta_{40}) \end{bmatrix} \tag{3-52}$$

$$Y_3 = \begin{bmatrix} \varepsilon_4 - \varepsilon_2 \\ b(\eta_4 - \eta_2) \\ b^2(\mathrm{EI}_2 \varepsilon_2 - \mathrm{EI}_4 \varepsilon_4) \\ b^3(\mathrm{EI}_2 \eta_2 - \mathrm{EI}_4 \eta_4) \end{bmatrix} \tag{3-53}$$

上述公式中的 γ_{ij}、δ_{ij}、ε_i、η_i 分别为：

$$\begin{cases} \gamma_{12} = \mathrm{e}^{-\beta_1 L_1} \sin(-\beta_1 L_1) \\ \delta_{12} = \mathrm{e}^{-\beta_1 L_1} \cos(-\beta_1 L_1) \\ \varepsilon_1 = \dfrac{a_1 u_{\max} \sin(-bL_1 + \varphi_0)}{a_1 + b^4} \\ \eta_1 = \dfrac{a_1 u_{\max} \cos(-bL_1 + \varphi_0)}{a_1 + b^4} \end{cases} \tag{3-54}$$

$$\begin{cases} \gamma_{22} = e^{-\beta_2 L_2} \sin(\beta_2 L_2) \\[2mm] \delta_{22} = e^{-\beta_2 L_2} \cos(\beta_2 L_2) \\[2mm] \varepsilon_2 = \dfrac{a_2 u_{\max} \sin(bL_2 + \varphi_0)}{a_2 + b^4} \\[4mm] \eta_2 = \dfrac{a_2 u_{\max} \cos(bL_2 + \varphi_0)}{a_2 + b^4} \end{cases} \tag{3-55}$$

$$\begin{cases} \gamma_{31} = e^{\beta_3 L_1} \sin(-\beta_3 L_1) \\[2mm] \delta_{31} = e^{\beta_3 L_1} \cos(-\beta_3 L_1) \\[2mm] \gamma_{32} = e^{-\beta_3 L_1} \sin(-\beta_3 L_1) \\[2mm] \delta_{32} = e^{-\beta_3 L_1} \cos(-\beta_3 L_1) \\[2mm] \varepsilon_3 = \dfrac{a_3 u_{\max} \sin(-bL_1 + \varphi_0)}{a_3 + b^4} \\[4mm] \eta_3 = \dfrac{a_3 u_{\max} \cos(-bL_1 + \varphi_0)}{a_3 + b^4} \end{cases} \tag{3-56}$$

$$\begin{cases} \gamma_{41} = e^{\beta_4 L_2} \sin(\beta_4 L_2) \\[2mm] \delta_{41} = e^{\beta_4 L_2} \cos(\beta_4 L_2) \\[2mm] \gamma_{42} = e^{-\beta_4 L_2} \sin(\beta_4 L_2) \\[2mm] \delta_{42} = e^{-\beta_4 L_2} \cos(\beta_4 L_2) \\[2mm] \varepsilon_4 = \dfrac{a_4 u_{\max} \sin(bL_2 + \varphi_0)}{a_4 + b^4} \\[4mm] \eta_4 = \dfrac{a_4 u_{\max} \cos(bL_2 + \varphi_0)}{a_4 + b^4} \end{cases} \tag{3-57}$$

$$\begin{cases} \varepsilon_{30} = \dfrac{a_3 u_{max} \sin(\varphi_0)}{a_3 + b^4} \\[3mm] \varepsilon_{40} = \dfrac{a_4 u_{max} \sin(\varphi_0)}{a_4 + b^4} \\[3mm] \eta_{30} = \dfrac{a_3 u_{max} \cos(\varphi_0)}{a_3 + b^4} \\[3mm] \eta_{40} = \dfrac{a_4 u_{max} \cos(\varphi_0)}{a_4 + b^4} \end{cases} \tag{3-58}$$

当 $\dfrac{K_{h1}}{EI_1} = \dfrac{K_{h2}}{EI_2} = \dfrac{K_{h3}}{EI_3} = \dfrac{K_{h4}}{EI_4}$ 成立时,式(3-41)只有零解,即式(3-37)中的待定系数均为零。因此,结构的弯矩、剪力可以表示为:

$$\begin{cases} M = EI_1 \dfrac{b^2 a_1 u_{max} \sin(bx - \omega t + \varphi_0)}{a_1 + b^4} & (x < -L_1) \\[3mm] M = EI_3 \dfrac{b^2 a_3 u_{max} \sin(bx - \omega t + \varphi_0)}{a_3 + b^4} & (-L_1 \le x \le 0) \\[3mm] M = EI_4 \dfrac{b^2 a_4 u_{max} \sin(bx - \omega t + \varphi_0)}{a_4 + b^4} & (0 \le x \le L_2) \\[3mm] M = EI_2 \dfrac{b^2 a_2 u_{max} \sin(bx - \omega t + \varphi_0)}{a_2 + b^4} & (L_2 < x) \end{cases} \tag{3-59}$$

$$\begin{cases} Q = EI_1 \dfrac{b^3 a_1 u_{max} \cos(bx - \omega t + \varphi_0)}{a_1 + b^4} & (x < -L_1) \\[3mm] Q = EI_3 \dfrac{b^3 a_3 u_{max} \cos(bx - \omega t + \varphi_0)}{a_3 + b^4} & (-L_1 \le x \le 0) \\[3mm] Q = EI_4 \dfrac{b^3 a_4 u_{max} \cos(bx - \omega t + \varphi_0)}{a_4 + b^4} & (0 \le x \le L_2) \\[3mm] Q = EI_2 \dfrac{b^3 a_2 u_{max} \cos(bx - \omega t + \varphi_0)}{a_2 + b^4} & (L_2 < x) \end{cases} \tag{3-60}$$

式(3-59)、式(3-60)的解析表达式与反应位移法给出的等刚度隧道地震响应解析表达式一致,验证了本章所推导的变刚度隧道纵向地震响应解析方法的正确性。

当 $\dfrac{K_{h1}}{EI_1}=\dfrac{K_{h2}}{EI_2}=\dfrac{K_{h3}}{EI_3}=\dfrac{K_{h4}}{EI_4}$ 不成立时,结构位移函数[式(3-37)]中的 12 个待定系数可通过求解方程组式(3-41)获得:

$$\begin{bmatrix} X_1 \\ X_2 \\ X_3 \end{bmatrix} = \begin{bmatrix} P_{11} & P_{12} & 0 \\ 0 & P_{22} & P_{23} \\ P_{31} & 0 & P_{33} \end{bmatrix}^{-1} \begin{bmatrix} Y_1 \\ Y_2 \\ Y_3 \end{bmatrix} \tag{3-61}$$

此时,结构的弯矩、剪力可表示为:

$$
\begin{cases}
M = -EI_1\left(2\beta_1^2 e^{\beta_1 x}(B_1\cos\beta_1 x - A_1\sin\beta_1 x)\right. \\
\qquad \left. - \dfrac{b^2 a_1 u_{\max}\sin(bx-\omega t+\varphi_0)}{a_1+b^4}\right) \quad (x<-L_1) \\[2mm]
M = -EI_3\left(2\beta_3^2 e^{\beta_3 x}(B_3\cos\beta_3 x - A_3\sin\beta_3 x)\right. \\
\qquad +2\beta_3^2 e^{-\beta_3 x}(-D_3\cos\beta_3 x + C_3\sin\beta_3 x) \\
\qquad \left. - \dfrac{b^2 a_3 u_{\max}\sin(bx-\omega t+\varphi_0)}{a_3+b^4}\right) \quad (-L_1\leqslant x\leqslant 0) \\[2mm]
M = -EI_4\left(2\beta_4^2 e^{\beta_4 x}(B_4\cos\beta_4 x - A_4\sin\beta_4 x)\right. \\
\qquad +2\beta_4^2 e^{-\beta_4 x}(-D_4\cos\beta_4 x + C_4\sin\beta_4 x) \\
\qquad \left. - \dfrac{b^2 a_4 u_{\max}\sin(bx-\omega t+\varphi_0)}{a_4+b^4}\right) \quad (0\leqslant x\leqslant L_2) \\[2mm]
M = -EI_2\left(2\beta_2^2 e^{-\beta_2 x}(-D_2\cos\beta_2 x + C_2\sin\beta_2 x)\right. \\
\qquad \left. - \dfrac{b^2 a_2 u_{\max}\sin(bx-\omega t+\varphi_0)}{a_2+b^4}\right) \quad (L_2<x)
\end{cases}
\tag{3-62}
$$

$$
\begin{cases}
Q = -\mathrm{EI}_1\left\{2\beta_1^{\,3}e^{\beta_1 x}\left[-(A_1+B_1)\sin\beta_1 x+(B_1-A_1)\cos\beta_1 x\right]-\right.\\
\qquad \left.\dfrac{b^3 a_1 u_{\max}\cos(bx-\omega t+\varphi_0)}{a_1+b^4}\right\} \quad (x<-L_1)\\[4pt]
Q = -\mathrm{EI}_3\left\{2\beta_3^{\,3}e^{\beta_3 x}\left[-(A_3+B_3)\sin\beta_3 x+(B_3-A_3)\cos\beta_3 x\right]+\right.\\
\qquad 2\beta_3^{\,3}e^{-\beta_3 x}\big((-C_3+D_3)\sin\beta_3 x+\\
\qquad \left.(C_3+D_3)\cos\beta_3 x\big)-\dfrac{b^3 a_3 u_{\max}\cos(bx-\omega t+\varphi_0)}{a_3+b^4}\right\} \quad (-L_1\leqslant x\leqslant 0)\\[4pt]
Q = -\mathrm{EI}_4\left\{2\beta_4^{\,3}e^{\beta_4 x}\left[-(A_4+B_4)\sin\beta_4 x+(B_4-A_4)\cos\beta_4 x\right]+\right.\\
\qquad 2\beta_4^{\,3}e^{-\beta_4 x}\big((-C_4+D_4)\sin\beta_4 x+(C_4+D_4)\cos\beta_4 x\big)-\\
\qquad \left.\dfrac{b^3 a_4 u_{\max}\cos(bx-\omega t+\varphi_0)}{a_4+b^4}\right\} \quad (0\leqslant x\leqslant L_2)\\[4pt]
Q = -\mathrm{EI}_2\left\{2\beta_2^{3}e^{-\beta_2 x}\left[(-C_2+D_2)\sin\beta_2 x+(C_2+D_2)\cos\beta_2 x\right]-\right.\\
\qquad \left.\dfrac{b^3 a_2 u_{\max}\cos(bx-\omega t+\varphi_0)}{a_2+b^4}\right\} \quad (L_2<x)
\end{cases}
\tag{3-63}
$$

因此,可以得到任意正弦分量荷载作用下变刚度长隧道各区段的弯矩和剪力正弦时程。然后,循环计算第 $n+1$ 阶,第 $n+2$ 阶,第 $n+3$ 阶⋯⋯简谐波分量作用下变刚度长隧道各区段的弯矩和剪力正弦时程。最后通过傅里叶逆变换,得到隧道任一点在地震作用下的弯矩和剪力时程。

3.3 数值模拟验证

以采用盾构法和矿山法组合开挖的地铁区间隧道为背景,建立数值有限元模型,验证本章所建立的变刚度隧道力学模型及地震动响应解析方法的正确性。该区段隧道采用矿山法和盾构法分段掘进,并通过复合衬砌对接段将两种隧道进行对接;此外,为缓解复合衬砌对接段与盾构段之间结构形式和刚度的突变,与对接段相邻处 10 m 长的盾构隧道采用现浇混凝土内衬进行加强,隧道的纵剖面如图 3-4 所示,各隧道区段的横截面尺寸,参见 4.2 节"隧道原型"。隧道衬砌重度为 25 kN/m³,弹性模量 $E = 33.5$ GPa,泊松比为 0.2;算例只考虑隧道对接段所处的岩石地层,其剪切波速为 $V_{s1} = 840$ m/s,围岩重度为 23 kN/m³,围岩泊松比为 0.3。

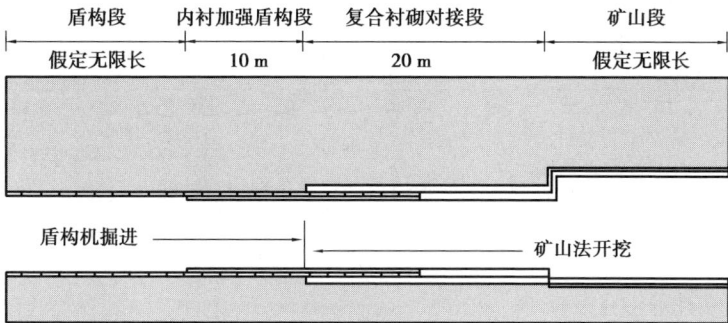

图 3-4 变刚度隧道纵向剖面图

在进行有限元建模时同样将变刚度假定为位于 Winkler 弹性地基上的 Euler-Bernoulli 梁,如图 3-2 所示。根据背景工程的地震安全性评价报告,隧址人工波加速度时程曲线及位移时程曲线如图 3-5 所示,地震波的传播速度 $c = 1000$ m/s。利用大型软件 ABAQUS 建立有限元模型,如图 3-6 所示,采用梁单元模拟隧道结构,每个单元的纵向长度为 0.1 m;通过间距为 0.1 m 的离散弹簧模拟围岩与隧道结构之间的相互作用。此外,在建立隧道梁模型时,通过自定义梁单元截面和刚度与解析模型保持一致,从而得到刚度沿纵向变化的弹性地基梁模型。以 4.2 节中盾构-矿山法隧道工法对接段为背景,即考虑盾构段、内衬加强盾构段、复合衬砌段及矿山段等 4 个区段;各隧道区段的典型横截面形式和具体尺寸参见图 4.2 所示的横截面,此处不重复描述。进行动力时程分析时,只考虑地震动荷载作用,即不考虑地层的初始地应力场对隧道动力响应的影响。将正弦波地震位移荷载施加在地基弹簧的端部,通过弹簧模拟围岩与隧道结构之间的相互作用;此外,通过输入地震动相位角沿纵向的变化来模拟地震传播过程中的行波效应,进而计算得到变刚度隧道的地震响应。

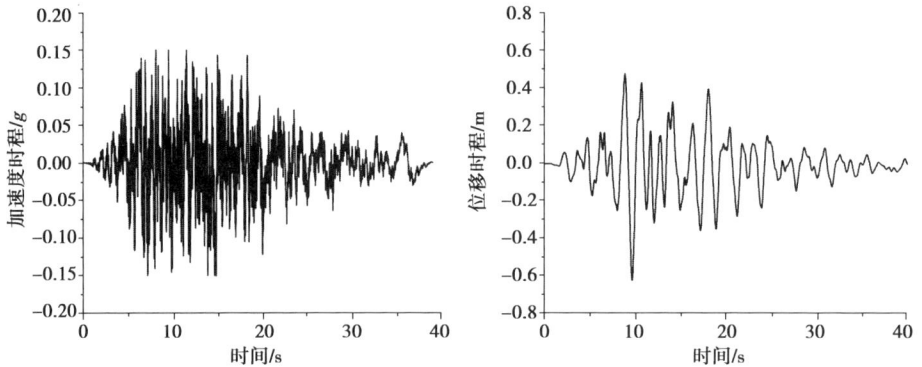

图 3-5　人工波加速度时程及位移时程曲线

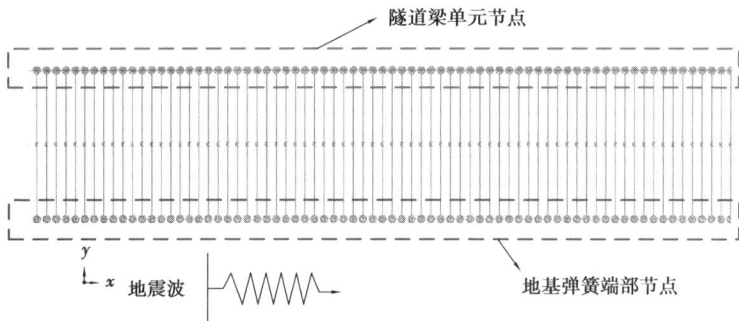

图 3-6　ABAQUS 有限元数值模型

　　根据傅里叶变换原理将原始正弦波时程曲线分解为 n 阶正弦波分量,首先对比任意正弦波作用下采用本书解析方法与数值模拟的结果。为方便计算和分析,验证算例选取第 10 阶(0.24 Hz)和第 20 阶(0.5 Hz)正弦波振分量荷载进行计算,对比本章方法和有限元数值方法计算得到的隧道结构沿纵向的结构内力响应。图 3-7 和图 3-8 分别给出了上述两种工况下隧道内力分布情况,实线表示采用本章方法所得到的解析结果;虚线结果表示有限元数值解。通过对比,可以看到解析解的结果与数值解的结果吻合较好,验证了本书所建立的简化计算方法的准确性和有效性。此外,进一步分析隧道内力沿纵向的变化曲线可以看到:从盾构段到对接段,隧道结构内力增大明显,并且在内衬加强盾构段和复合衬砌对接段的交叉区域取得剪力的最大值。同时,隧道结构的弯矩计算结果也表明,在衬砌结构和刚度发生突变的区域,结构弯矩增大十分明显。此外,对比不同正弦波工况的结果也可以发现,隧道结构的内力在不同频率正弦波作用下的分布模式有较大差异。这也从侧面证明了,在进行隧道结构抗震计算中需考虑不同频率地震动成分对结构动力响应的影响,即本书所提出的简化计算方法:需要通过傅里叶变换原理分解真实的地震动荷载,从而计算不同频率简谐波荷载的结构响应。

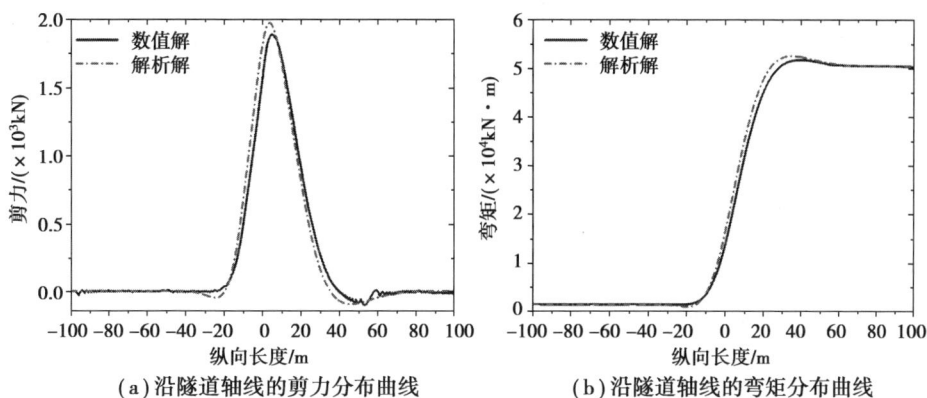

(a)沿隧道轴线的剪力分布曲线　　　　(b)沿隧道轴线的弯矩分布曲线

图 3-7　第 10 阶正弦波作用下隧道结构沿轴线剪力和弯矩变化曲线

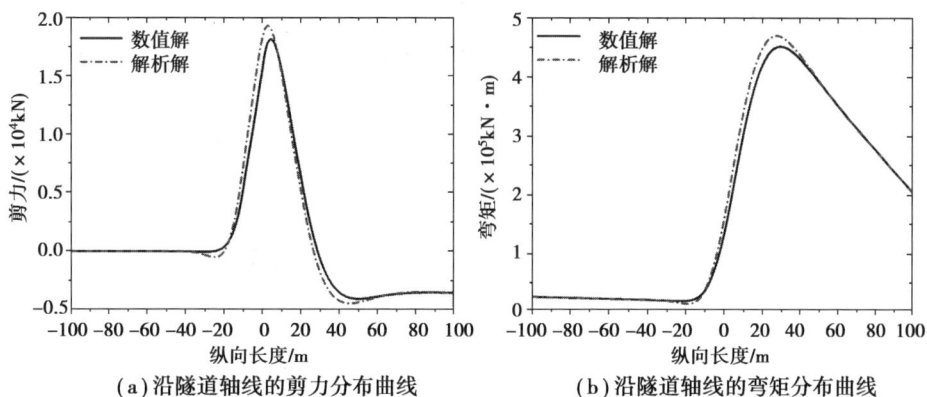

(a)沿隧道轴线的剪力分布曲线　　　　(b)沿隧道轴线的弯矩分布曲线

图 3-8　第 20 阶正弦波作用下隧道结构沿轴线剪力和弯矩变化曲线

3.4 岩石隧道刚度变化段影响因素分析

3.4.1 围岩等级

在进行参数化敏感性分析时首先考虑了不同围岩等级的情况,即围岩刚度的变化对隧道结构剪力和弯矩的影响规律。本章共考虑了 5 种围岩等级,分别为:Ⅵ级围岩、Ⅴ级围岩、Ⅳ级围岩(标准工况)、Ⅲ级围岩及 Ⅱ级围岩。各等级围岩的基本物理参数参照《铁路隧道设计规范》(TB 10003—2016)进行取值。图 3-9 和图 3-10 分别给出了不同围岩等级下隧道结构沿纵向的峰值剪力和峰值弯矩。在Ⅵ级—Ⅱ级围岩条件下,隧道沿纵向的峰值剪力分布规律大致相同,均在对接段与内衬加强盾构段相接的区域取得最大值。值得注意的是,随着围岩等级的提高,隧道结构的剪力却逐渐增大;围岩从Ⅵ级变为Ⅱ级过程中,峰值剪力从 $6.52×10^4$ kN 增加至 $7.58×10^4$ kN。当围岩等级降低时隧道结构的剪力沿轴线的分布模式发生改变,当围岩刚度较大时,对接段的影响范围相对较小,刚度突变引起的内力增加所产生的辐射范围较小;然而,当围岩等级降低时,围岩体变得相对"柔软",因此刚度突变引起的剪力增加可以向盾构常规段隧道延伸,导致结构刚度突变处的剪力峰值降低。此外,围岩等级从Ⅵ级提高到Ⅱ级时,峰值剪力的变化不大。从图 3-10 所示的峰值弯矩变化曲线可以看到,围岩等级的变化对大部分区段隧道结构的弯矩影响很小。其中,围岩等级的变化对复合衬砌对接段及矿山段区段峰值弯矩的影响相对较大;围岩等级从Ⅵ级变为Ⅱ级时,峰值弯矩分别为 $21.2×10^5$ kN・m 和 $23.1×10^5$ kN・m,仅变化约 10%。图 3-11 给出了隧道曲率沿纵向的变化曲线,在衬砌形式发生变化的地方,如盾构隧道与内衬段、内衬加强段与对接段的交接处隧道曲率发生突变,即隧道纵向的弯曲变形不协调。

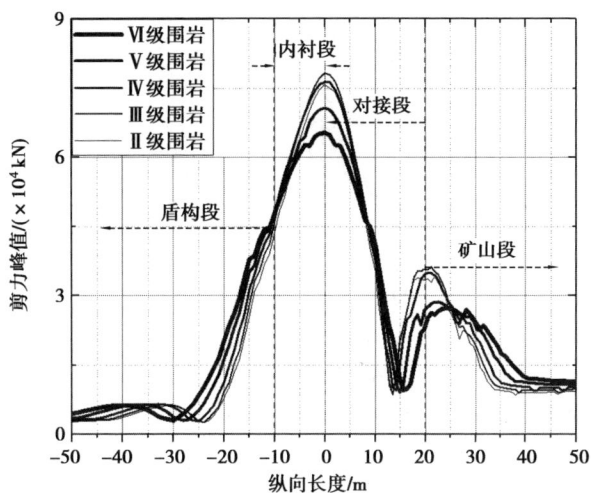

图 3-9 不同围岩等级下隧道沿纵向的剪力峰值

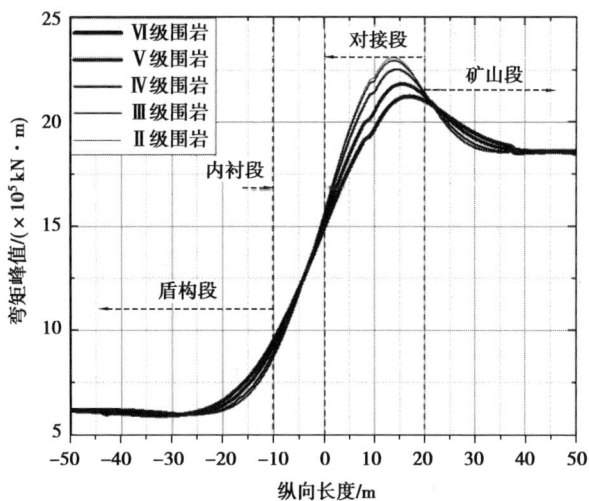

图 3-10 不同围岩等级下隧道沿纵向的弯矩峰值

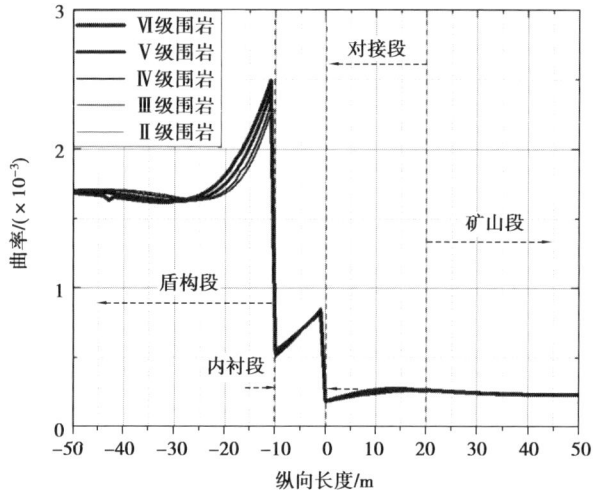

图 3-11　不同围岩等级下隧道沿纵向的峰值曲率变化曲线

接下来分别对 4 个典型区段的剪力和弯矩响应进行对比分析。图 3-12(a) 和(b)分别给出了盾构隧道段关键点在不同围岩等级条件下的剪力时程和弯矩时程曲线。值得注意的是,与对接段处峰值剪力的变化趋势不同,随着围岩质量等级的提高(Ⅵ级—Ⅱ级),盾构隧道段的剪力呈现出下降的趋势,从 2.43×10^4 kN 降低为 0.936×10^4 kN;表明盾构隧道段随着围岩等级的提高,受到结构刚度突变的影响越小。同时从图 3-12(b)可以看到,不同围岩条件下盾构隧道段的弯矩变化非常小,最大值(Ⅵ级)和最小值(Ⅱ级)分别为 6.95×10^5 kN · m 和 6.46×10^5 kN · m。图 3-13(a)和(b)分别给出了内衬加强盾构段在不同围岩等级下的剪力时程和弯矩时程曲线。与盾构常规段相比,内衬加强盾构的变化规律类似;不过,围岩等级对其剪力峰值的影响不大,剪力峰值降低不明显:从 5.22×10^4 kN 降低至 4.91×10^4 kN。从弯矩时程结果来,围岩等级的变化对该断面的弯矩影响很小。不过,与盾构常规段剪力的响应特征类似,由于隧道结构受力模式的改变,从Ⅵ级围岩提高到Ⅱ级围岩过程中内衬加强盾构段的弯矩也呈下降趋势,9.98×10^5 kN · m 降为 9.19×10^5 kN · m。对于复合衬砌对接段,图

3-14(a)和(b)分别给出了不同围岩等级条件下的剪力和弯矩时程曲线。可以明显看到,随着围岩等级的提高,对接段衬砌结构的剪力也增大。当围岩等级提高为Ⅱ级时,峰值剪力从 6.25×10^4 kN 增大至 7.15×10^4 kN。从弯矩时程来看,在围岩等级提高的整个过程中,结构弯矩峰值仅从 1.67×10^5 kN·m 增加至 1.82×10^5 kN·m。图 3-15(a)和(b)分别给出了矿山法隧道段关键点在不同围岩等级下的剪力时程和弯矩时程曲线。与复合衬砌对接段的变化规律类似,随着围岩等级的提高,结构剪力出现小幅段的上升,从 2.73×10^4 kN 增大至 2.99×10^4 kN。同样,弯矩在围岩等级变化过程中基本保持不变,从 2.04×10^5 kN·m 降低为 1.99×10^5 kN·m。

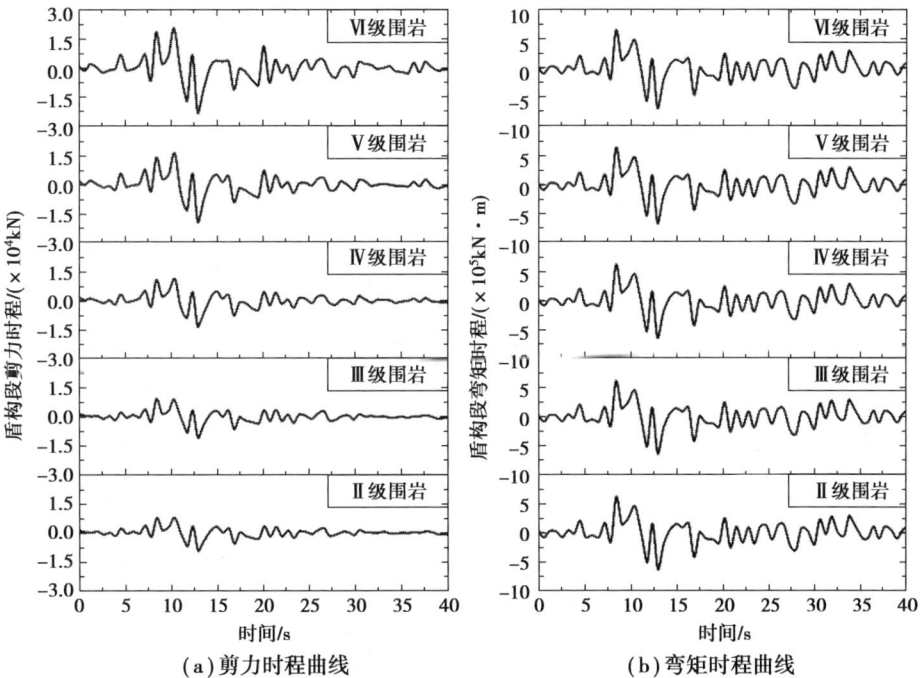

(a)剪力时程曲线　　　　　　　　(b)弯矩时程曲线

图 3-12　盾构隧道段关键点在不同围岩等级下的剪力时程和弯矩时程

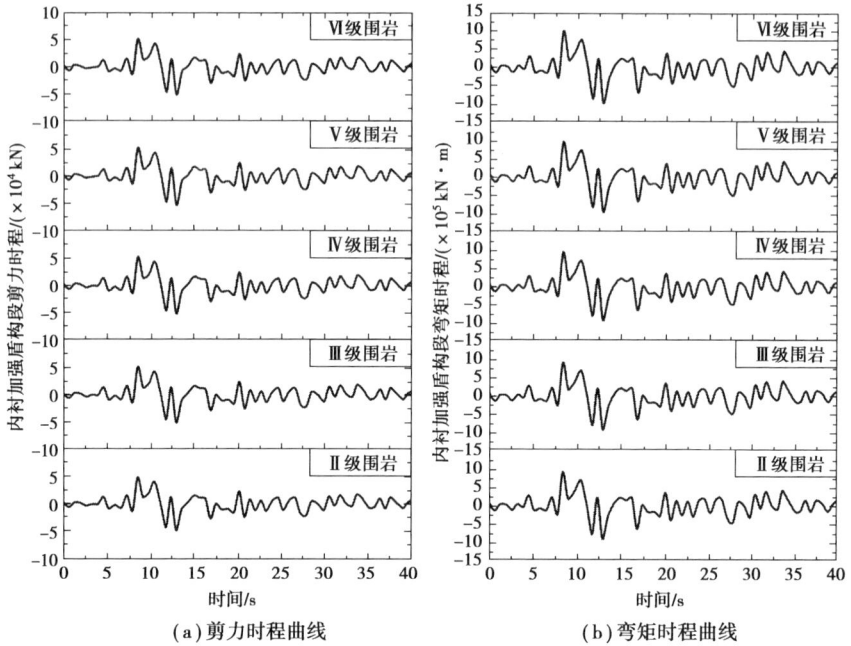

(a) 剪力时程曲线　　　　　　　　(b) 弯矩时程曲线

图 3-13　内衬加强盾构段关键点在不同围岩等级下的剪力时程和弯矩时程

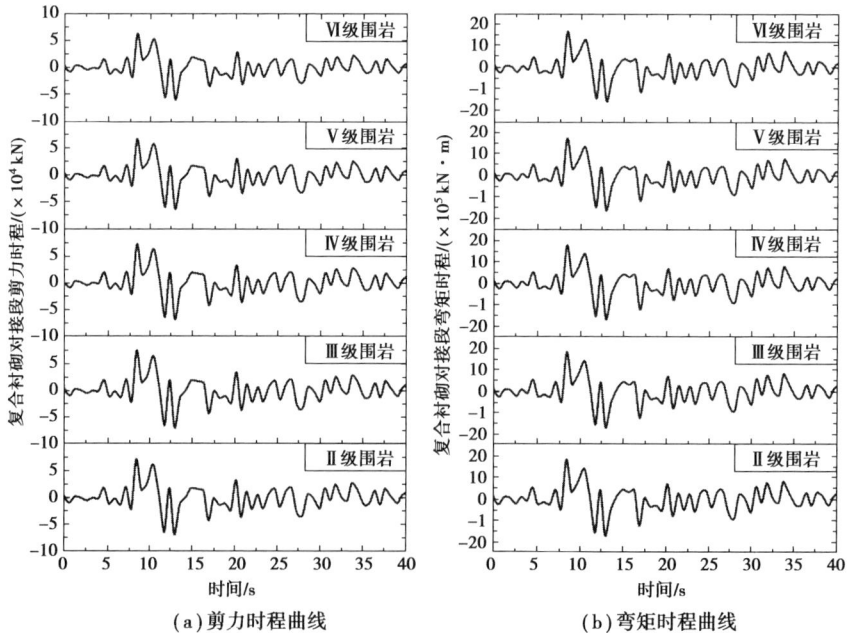

(a) 剪力时程曲线　　　　　　　　(b) 弯矩时程曲线

图 3-14　复合衬砌对接段关键点在不同围岩等级下的剪力时程和弯矩时程

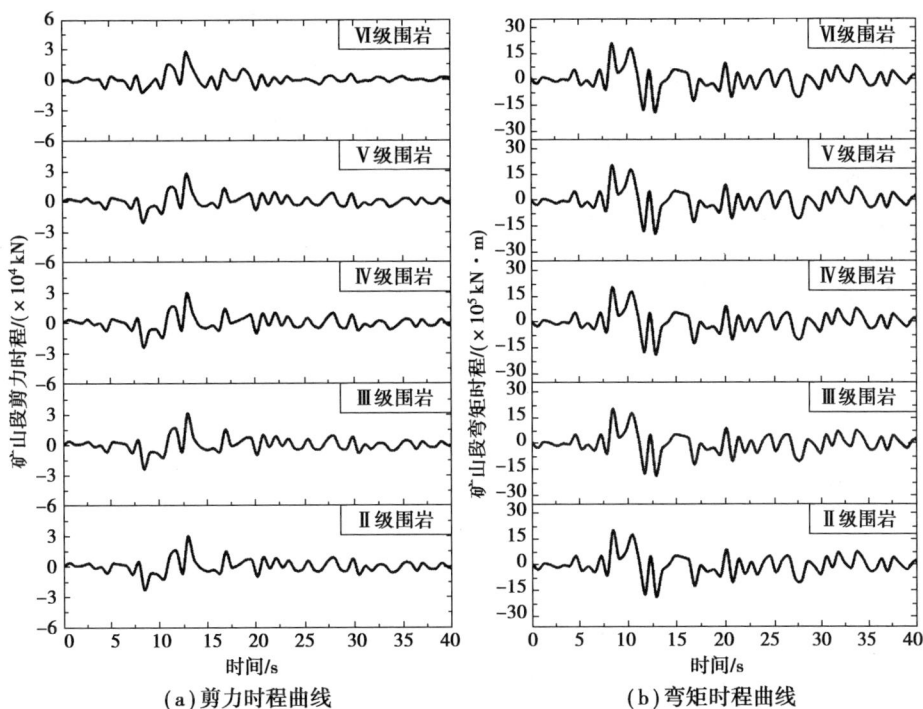

（a）剪力时程曲线　　　　　　（b）弯矩时程曲线

图 3-15　矿山法隧道段关键点在不同围岩等级下的剪力时程和弯矩时程曲线

3.4.2　复合衬砌对接段厚度

　　本书所研究的刚度变化隧道段中复合衬砌对接段的衬砌厚度最大,结构刚度也最高。因此,以对接段为对象进行衬砌厚度的参数敏感性分析,包括以下几种工况:厚度=1.8 m、厚度=1.5 m、厚度=1.2 m(标准工况)、厚度=0.9 m、厚度=6 m;在进行计算时保持其他参数不变。图 3-16 和图 3-17 给出了隧道结构沿纵向的剪力峰值和弯矩峰值变化曲线。从图上可以看到,改变复合衬砌对接段的衬砌厚度,对衬砌的剪力和弯矩有很大影响。当减小衬砌厚度,即降低对接段结构的刚度时,衬砌结构的剪力峰值降低非常明显:从 1.8 m 降低到 1.2 m 时,峰值剪力依次是 12.70×10⁴ kN、10.34×10⁴ kN 和 7.63×10⁴ kN。然而,值得注意的是,当衬砌厚度降低到 0.9 m 时,尽管对接段处的剪力最大值有所降低,但是剪力峰值沿隧道纵向分布的模式发生了改变。此外,当衬砌厚度进一步降低到 0.6 m 时,沿纵向的剪力峰值分布又一次发生转变。该影响主要集中在对接段与矿山段的交接区域。图 3-17 中弯矩峰值分布曲线也表明,随着对接段衬砌厚度的降低,衬砌结构的弯矩峰值也同步减小。同时,图 3-18 给出了隧道曲率沿纵向的变化曲线,可以看到在盾构隧道与内衬段、内衬加强段与对接段的交接处隧道纵向的弯曲变形不协调。

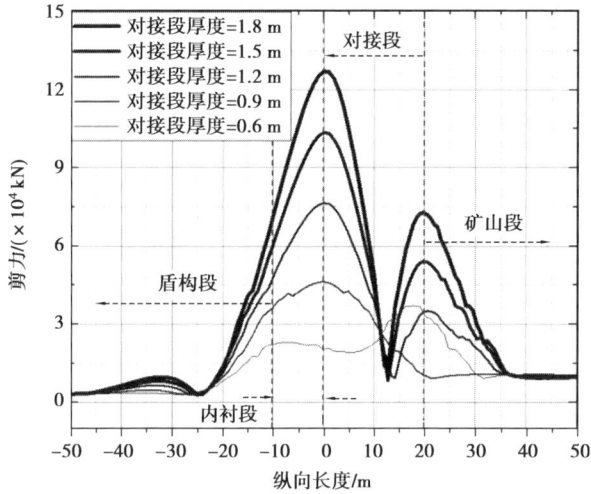

图 3-16　不同对接段衬砌厚度下隧道沿纵向的剪力峰值曲线

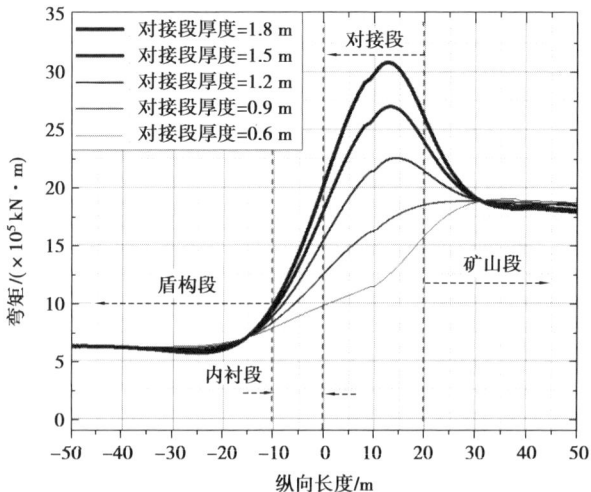

图 3-17　不同对接段衬砌厚度下隧道沿纵向的弯矩峰值曲线

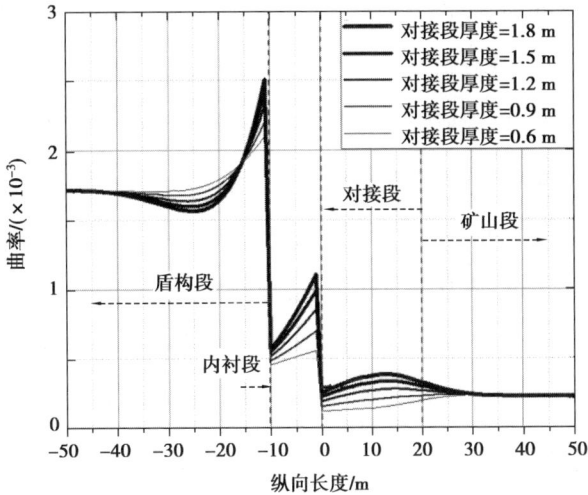

图 3-18　不同对接段厚度时隧道沿纵向的曲率峰值变化曲线

图 3-19 给出了隧道盾构段在不同对接段衬砌厚度下的剪力时程和弯矩时程曲线。从图 3-19(a)可以看到,复合衬砌对接段衬砌厚度的变化,对盾构隧道常规段的影响较小;当衬砌厚度从 1.8 m 降低到 1.2 m 时,剪力峰值从 $1.37×10^4$ kN 降为 $1.13×10^4$ kN。与之类似,如图 3-19(b)所示,复合衬砌对接段结构刚度的变化对盾构常规段隧道断面的影响很小。对于有内衬加强的盾构段,图 3-20 给出了该区段在不同对接段衬砌厚度下的剪力时程和弯矩时程。与盾构段相比,有内衬加强的区段与复合衬砌段相接;因此,对接段衬砌厚度的改变对该区段的影响较大。如图 3-20(a)所示当衬砌厚度为 1.8 m 和 1.5 m 时,结构剪力均较大,峰值分别为 $7.87×10^4$ kN 和 $6.63×10^4$ kN;当对接段厚度降低到 1.2 m 时,结构剪力出现较大幅度的下降。随着对接段刚度的持续降低,盾构+内侧段的剪力峰值也持续减小。值得注意的是,如图 3-20(b)所示,对接段衬砌厚度改变对弯矩产生的影响很小;对接段厚度从 1.8 m 减小到 0.6 m 的过程中,弯矩仅从 $10.59×10^5$ kN·m 减小到 $8.06×10^5$ kN·m。图 3-21 给出了复合衬砌对接段在不同厚度下的剪力时程和弯矩时程曲线。可以看到,对接段厚度的改变对其自身的剪力响应有很大影响;当对接段厚度从 1.8 m 降低到 0.6 m 过程中,结

构的剪力同步降低;最大剪力和最小剪力分别为 $11.95×10^4$ kN 和 $1.95×10^4$ kN。同时,也可以看到衬砌厚度的变化对其弯矩也有较大影响。当对接段厚度为 1.8 m 和 1.5 m 时,弯矩较大;而当对接段厚度降低到 1.2 m 时,弯矩出现较大幅度的下降,并随着厚度的减小而持续降低。最后对于矿山段隧道,其剪力时程和弯矩时程曲线如图 3-22 所示。从剪力时程曲线可以清楚地看到,随着对接段衬砌厚度的降低,矿山段的剪力不仅降低很明显,而且还改变了矿山段沿纵向的剪力分布模型;在 0.9 m 处得到剪力极小值,剪力峰值从 1.8 m 时的 $5.94×10^4$ kN 降低到 $0.99×10^4$ kN;然后随着对接段厚度的降低反而有上升趋势。然而,从弯矩时程曲线可以看到,对接段厚度的改变对矿山段的弯矩影响不明显,当对接段厚度从 1.8 m 减小到 0.6 m 时,矿山段的弯矩从 $21.08×10^5$ kN·m 降低到 $16.26×10^5$ kN·m,仅降低了 29.6%。

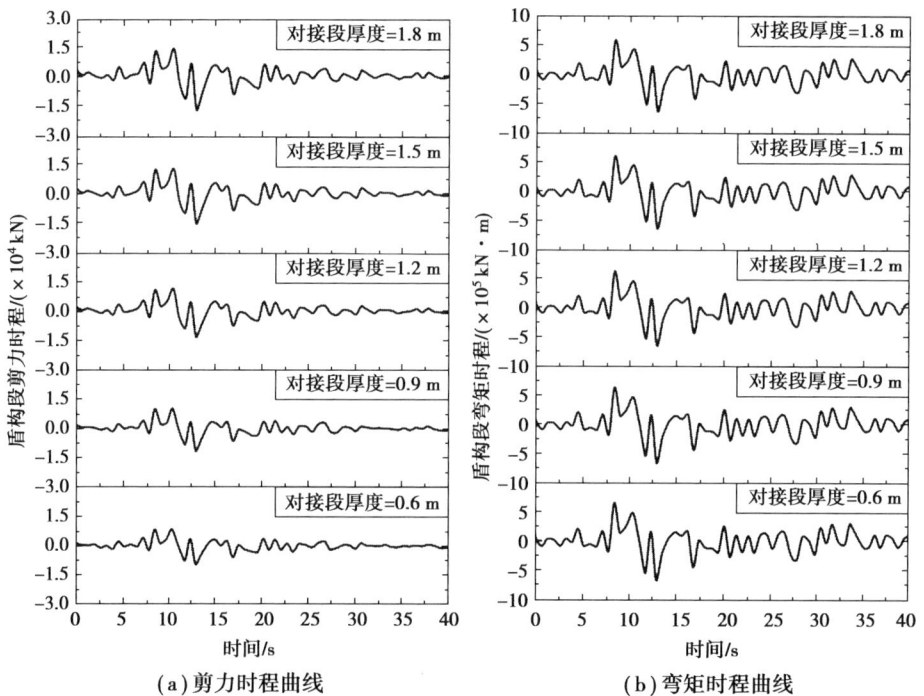

(a) 剪力时程曲线　　　　　　　　(b) 弯矩时程曲线

图 3-19　盾构段在不同对接段衬砌厚度下的剪力时程和弯矩时程曲线

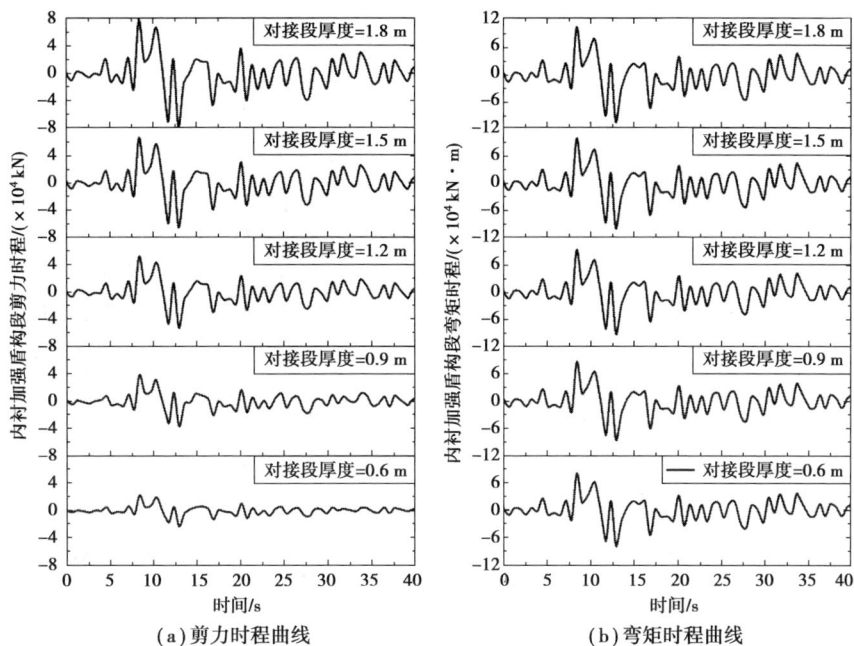

（a）剪力时程曲线　　　　　　（b）弯矩时程曲线

图 3-20　内衬加强盾构段在不同对接段衬砌厚度下的剪力时程和弯矩时程曲线

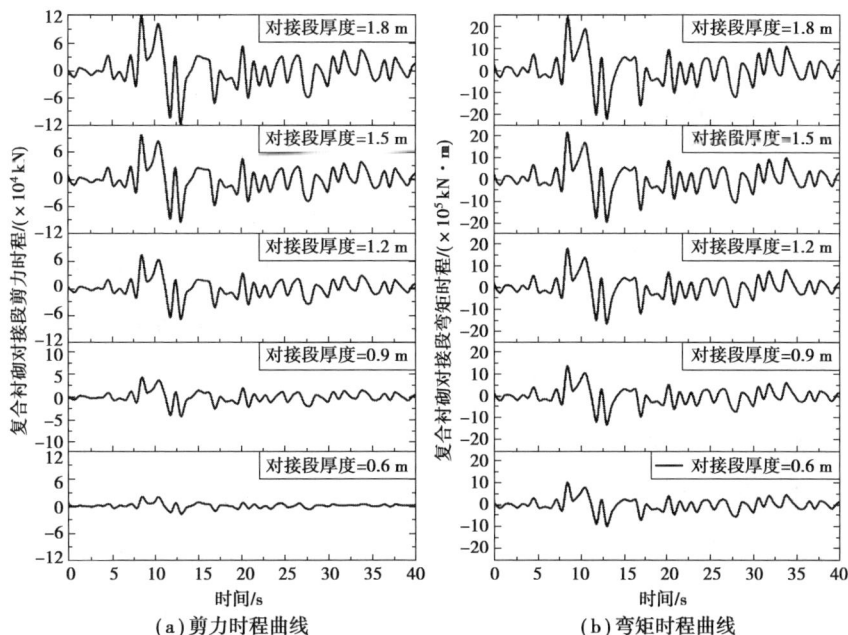

（a）剪力时程曲线　　　　　　（b）弯矩时程曲线

图 3-21　复合衬砌对接段在不同厚度下的剪力时程和弯矩时程曲线

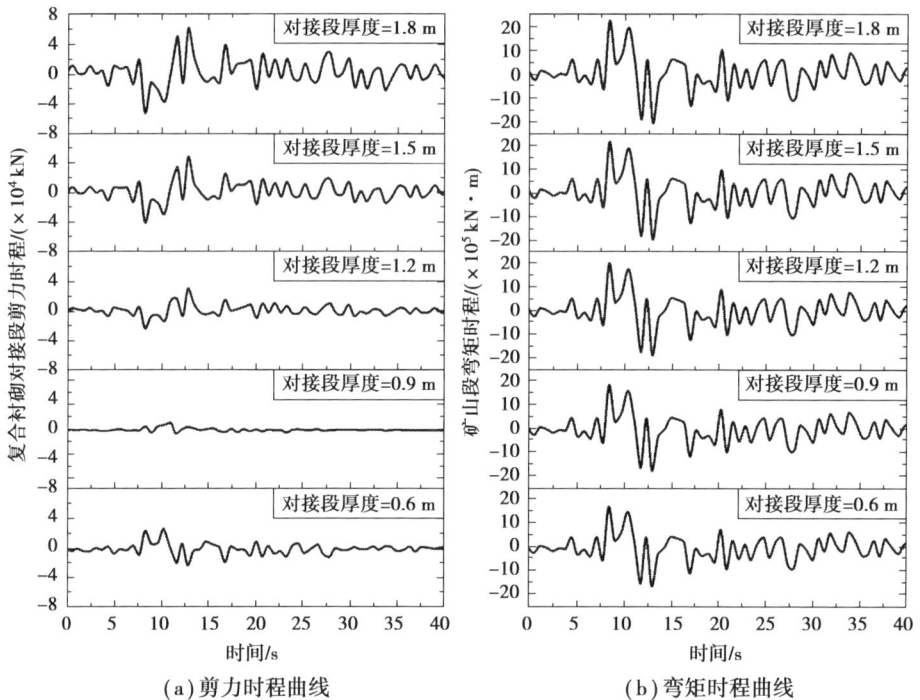

（a）剪力时程曲线　　　　　　　　　　（b）弯矩时程曲线

图 3-22　矿山段在不同对接段衬砌厚度下的剪力时程和弯矩时程曲线

3.4.3　地震波类型

在进行不同地震动类型影响分析时,主要选取隧址人工波和汶川波。图 3-23 给出了两种地震波的加速度时程曲线和位移时程曲线。根据本章所推导的解析计算方法,分别对不同地震波作用下变刚度隧道的剪力和弯矩进行计算。

图 3-24 和图 3-25 分别给出了两种地震波作用下隧道结构沿纵向的剪力峰值和弯矩峰值曲线。不同地震波作用下,结构剪力峰值沿纵向的分布规律类似:隧道不同区段结构刚度的变化对剪力峰值沿纵向的分布影响较大。其中,在复合衬砌对接段与内衬加强盾构段交接的位置,剪力取得最大值;人工波作用下剪力峰值最大,两种工况下剪力峰值分别为 7.63×10^4 kN 和 6.24×10^4 kN。

此外,在复合衬砌对接段与矿山段断面交接的区域出现了剪力峰值的突变。剪力峰值的极大值主要出现在对接段及相邻的矿山段区域;而远端的盾构隧道常规段和矿山隧道常规段的剪力峰值相对偏小。此外,从图 3-25 中的弯矩峰值结果也可以看到,不同地震波作用下弯矩峰值沿纵向的分布规律类似,峰值大小依次为:人工波和汶川波,最大值分别为 22.53×10^5 kN·m 和 18.54×10^5 kN·m。同时,图 3-26 给出了在两种波作用下隧道曲率沿纵向的变化曲线,可以看到人工波作用下隧道衬砌变化处的位移突变效应更加明显。

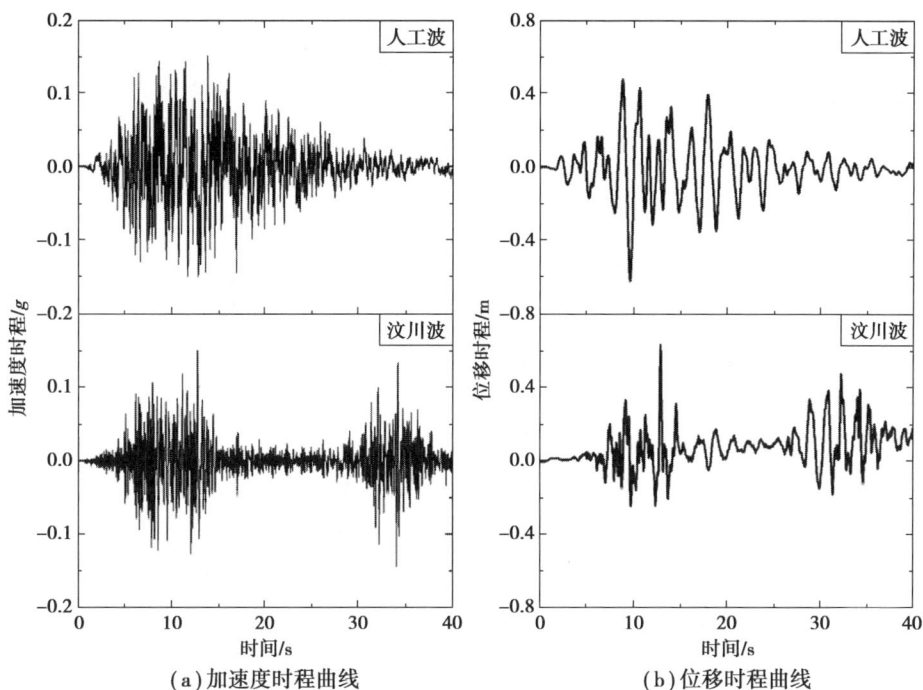

（a）加速度时程曲线　　（b）位移时程曲线

图 3-23　两种地震波的加速度和位移时程曲线

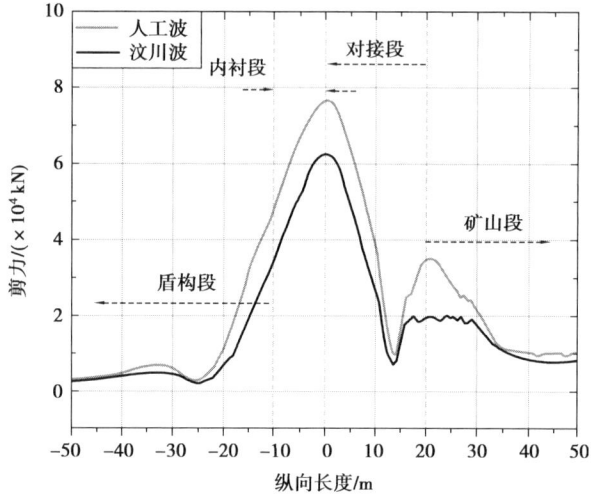

图 3-24　人工波和汶川波作用下隧道沿纵向的剪力峰值曲线

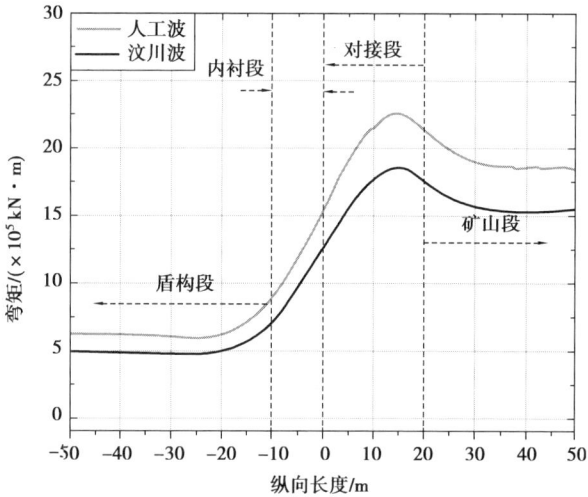

图 3-25　人工波和汶川波作用下隧道沿纵向弯矩峰值曲线

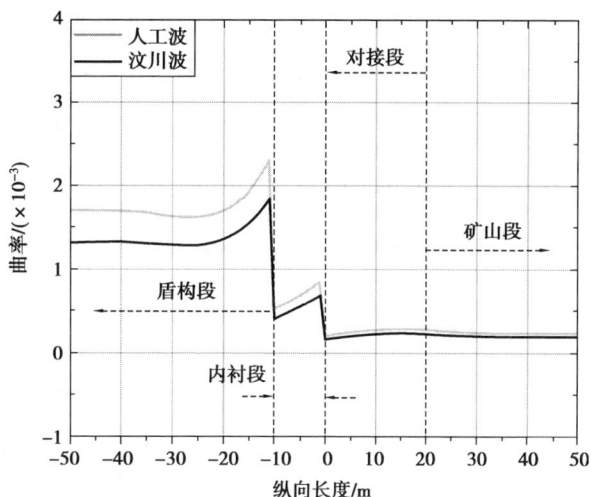

图 3-26　人工波和汶川波作用下隧道沿纵向曲率峰值变化曲线

从上述结果可以看到,不同地震动对隧道沿纵向的剪力峰值和弯矩峰值影响较大,同时不同地震动对不同隧道区段也有影响。图 3-27 给出了盾构段关键点在两种地震波作用下的剪力时程和弯矩时程曲线。剪力时程曲线[图 3-27(a)]表明人工波作用下的剪力明显大于汶川波工况,其剪力峰值分别为 1.13×10^4 kN 和 0.67×10^4 kN。从图 3-27(b)中的弯矩时程曲线也可以看到,人工波作用下的结构弯矩偏大,其峰值为 6.23×10^5 kN・m。图 3-28 给出了内衬加强盾构段在不同地震动作用下的剪力时程和弯矩时程曲线。内衬加强的隧道区段与盾构隧道段的变化规律类似,不过剪力和弯矩的幅值均有明显的增大。其中,人工波作用下隧道结构的剪力响应较大,其峰值为 5.24×10^4 kN,明显大于汶川地震波工况[图 3-28(a)]。此外,弯矩时程曲线也表明,人工波作用下的弯矩较大[图 3-28(b)]。在该隧道段汶川波作用下弯矩明显为 7.58×10^5 kN・m。对于复合衬砌对接段,其剪力时程和弯矩时程曲线如图 3-29 所示。与上述两个观测区段相比,复合衬砌对接段的剪力和弯矩均进一步增大。人工波作用下剪力峰值和弯矩峰值分别为 7.22×10^4 kN 和 17.77×10^5 kN・m。此时,汶川波作用下的结构内力增大也较明显。剪力峰值和弯矩的峰值分别为 5.88×10^4 kN 和

14.38×10^5 kN·m。图 3-30 给出了矿山段在不同地震波作用下的剪力时程和弯矩时程曲线。总体来看,与复合衬砌对接段相比,剪力的下降幅度较明显,然而矿山段的弯矩却依然较大。人工波作用下的剪力峰值为 3.0×10^4 kN;汶川波作用下的剪力峰值不大,为 2.01×10^4 kN。图 3-30(b)中的弯矩曲线表明,矿山段弯矩峰值为 20.12×10^5 kN·m;而且汶川波工况下的弯矩明显偏小,为 16.6×10^5 kN·m。

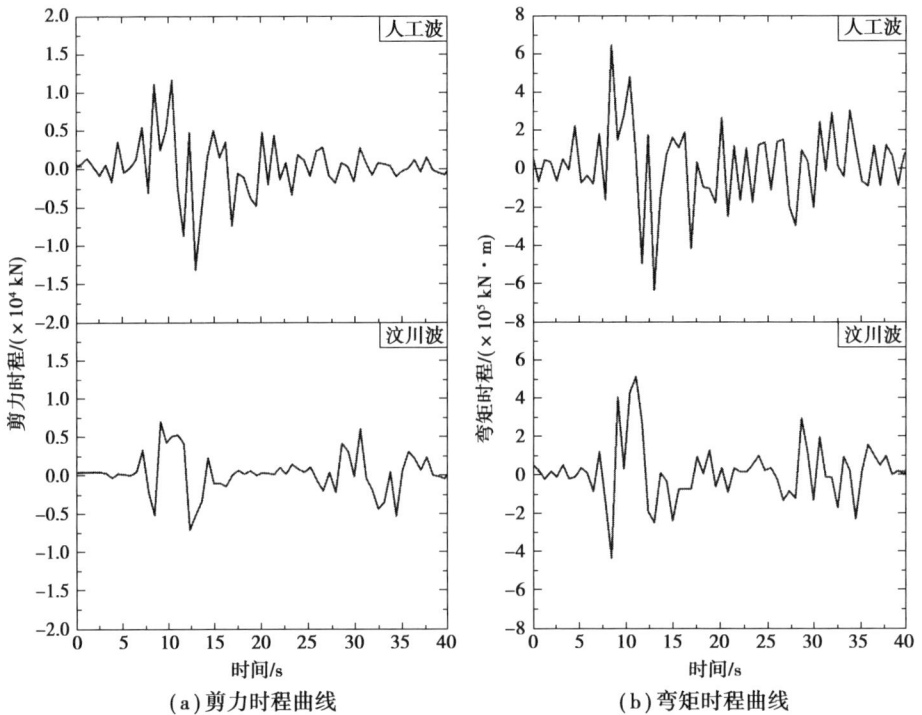

(a)剪力时程曲线　　　　　　　(b)弯矩时程曲线

图 3-27　盾构隧道关键点在不同地震波作用下的剪力时程和弯矩时程曲线

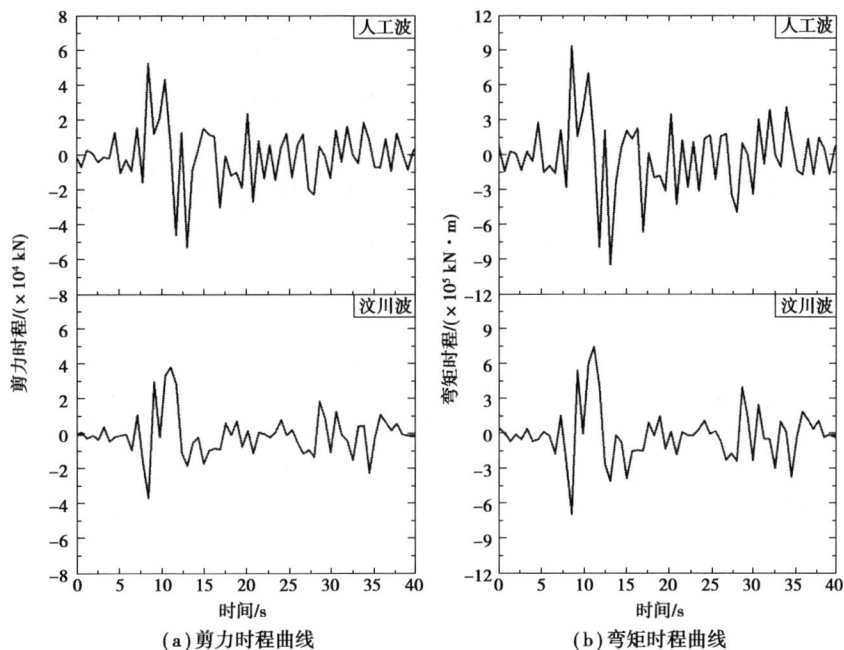

（a）剪力时程曲线　　　　　　　　（b）弯矩时程曲线

图 3-28　内衬加强盾构段关键点在不同地震波作用下的剪力时程和弯矩时程曲线

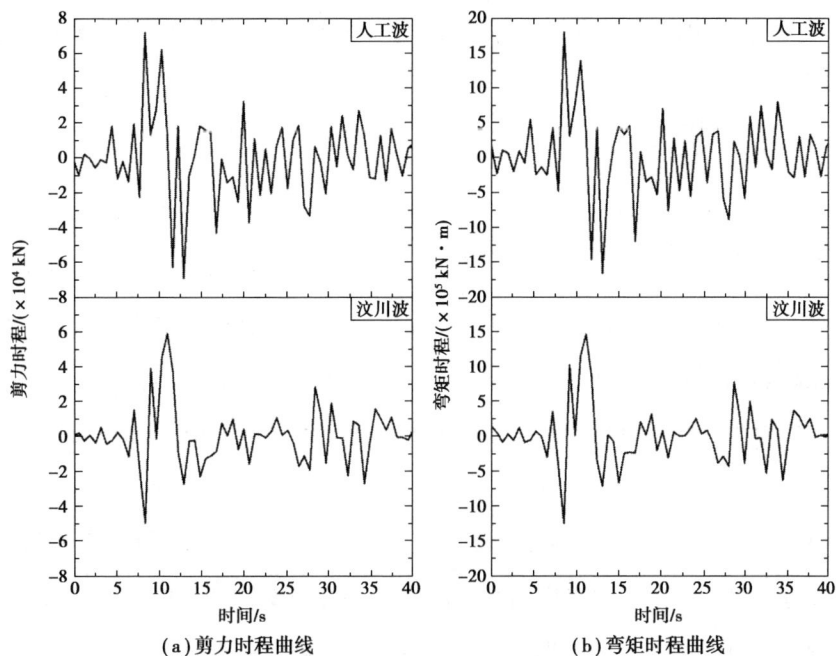

（a）剪力时程曲线　　　　　　　　（b）弯矩时程曲线

图 3-29　复合衬砌对接段关键点在不同地震波作用下的剪力时程和弯矩时程曲线

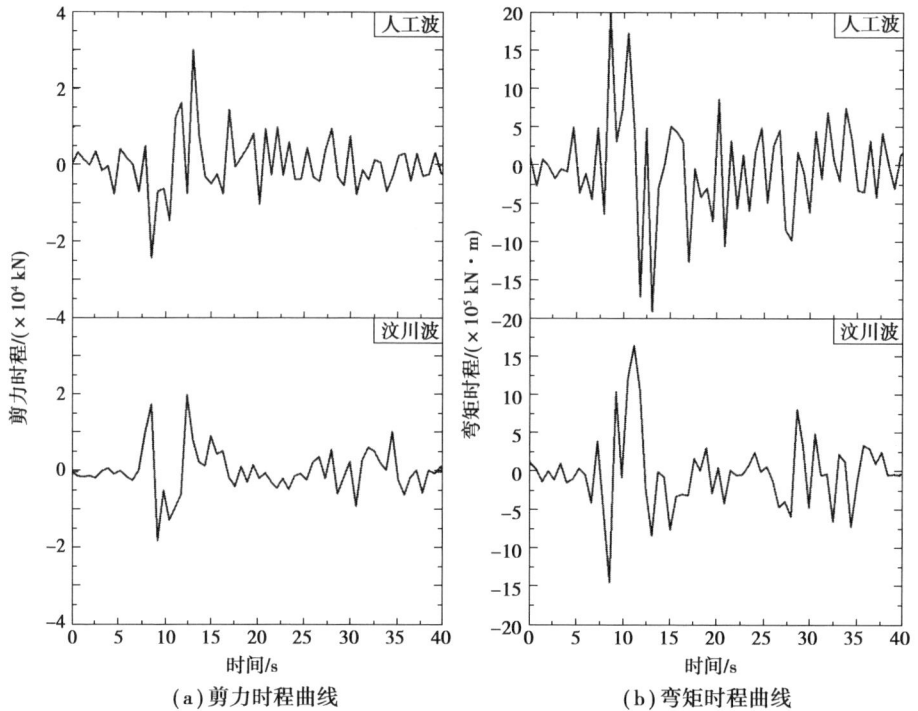

（a）剪力时程曲线　　　　　　　　（b）弯矩时程曲线

图 3-30　矿山法隧道段关键点在不同地震波作用下的剪力时程和弯矩时程曲线

3.5　小　结

本章建立了合理的变刚度长隧道简化力学模型,推导出变刚度长隧道纵向地震响应的解析表达式,并通过傅里叶变换原理对任意地震动进行分解,求解任意地震动作用下变刚度隧道的动力响应。根据该简化计算方法,本章进行了不同围岩等级、不同对接段厚度及不同地震波等因素的影响性分析,得出如下结论:

（1）通过数值模拟算例验证了本章所建立的简化分析方法的准确性和可靠性。该方法可以准确反映采用组合工法施工的隧道结构的刚度变化特征,从而为变刚度隧道的抗震设计提供一种方便可行的实用计算方法。

(2)围岩等级提高时盾构段和内衬加强盾构段的剪力会逐渐减小,但是复合衬砌对接段和矿山段的剪力却反而增大。分析表明:当围岩等级降低时隧道结构的剪力沿轴线的分布模式发生改变,围岩刚度较大时,对接段的影响范围相对较小,刚度突变引起的内力增加所产生的辐射范围较小;然而当围岩等级降低时,围岩体变得相对"柔软",刚度突变引起的剪力增加可以向盾构常规段延伸,导致结构刚度突变处的剪力峰值降低,而盾构常规段的剪力峰值增大。

(3)对接段结构刚度的改变对盾构隧道常规段的影响微弱,可以忽略。不过对于内衬加强盾构段和矿山段,对接段衬砌厚度的增大会加剧与相邻区段的刚度突变效应,从而导致结构内力增大。

(4)在不同地震波激励下,变刚度隧道轴向剪力峰值和弯矩峰值分布规律基本相似:在内衬加强盾构段与复合衬砌对接段的交接位置取得剪力和弯矩的极大值,并且在矿山段与对接段的交接区域出现剪力突变。总体而言,人工波作用下结构内力响应比汶川波大。

(5)标准工况下隧道纵向的剪力分布曲线表明,距离对接段 25 m 以外的盾构隧道和距离对接段 15 m 以外的矿山隧道剪力趋于稳定;同时,标准工况弯矩计算结果表明距离对接段分别为 20 m 和 10 m 时,盾构段和矿山段的弯矩趋于稳定。由此可以推断对接段对盾构段和矿山段的影响范围分别为 25 m 和 15 m。

变刚度隧道地震响应的简化计算方法,可用于基于组合工法变刚度隧道的抗震设计与分析,尤其适合用于进行隧道工程可行性研究阶段的计算和分析,解析方法的简化假定明确,计算过程清晰,可以方便地进行各种参数化分析,能克服模型试验成本较高、数值模拟分析参数取值困难等问题。然而该简化计算方法无法反映变刚度隧道横截面内局部的受力状态和变形特征,尤其是强震作用下结构的渐进式破坏状态和震害特征。因此需开展振动台模型试验,进一步研究衬砌结构形式变化段的衬砌地震响应特征及强震作用下的破坏机理。

第4章 变刚度隧道振动台模型试验方法

4.1 引 言

根据第 3 章建立的变刚度隧道地震响应简化计算方法,笔者初步分析了变刚度隧道沿纵向的地震动响应规律,明确了对接段刚度变化沿隧道纵向的影响范围。然而该简化计算方法无法描述对接段衬砌横截面内的局部构造特征,尤其是盾构隧道管环在地震动作用下的变形特性,需通过模型试验进一步研究隧道变刚度段的地震响应机制。因此,本章在以上分析成果的基础上进一步开展盾构—矿山对接段隧道的振动台模型试验。

针对盾构隧道的地震响应研究,张景、何川等在几何比尺 1/40 的振动台模型试验中采用 PVC 材料制作均质圆环模拟盾构隧道,并通过增加钢丝骨架实现隧道模型的刚度等效。袁勇等在盾构模型试验中进一步考虑了行波效应的影响。Lemnitizer 等在 E-defense 中心通过模型试验研究了盾构隧道及工作井的地震响应。禹海涛开展了工作井与相邻盾构隧道的振动台模型试验,分析了工作井对相邻盾构管片变形及接缝张开位移的影响。Bao 等将多尺度理念应用到振动台模型试验中,研究了长大盾构隧道的地震响应机制。针对洞口段隧道结构的地震响应机制,蒋树屏、王帅帅、李育枢等诸多学者通过模型试验研究了洞口仰坡角度、围岩偏压荷载、软弱夹层等对隧道结构地震响应特性的影响,得出了诸多有益结论。

综上,国内外研究人员针对盾构隧道和矿山隧道的抗震性能开展了各种模型试验研究,并取得了丰硕的成果。然而以上试验研究并没有考虑隧道衬砌形式沿纵向的变化。此外,通过模型试验进行盾构隧道地震响应研究时,由于管片构造的复杂性,在进行盾构管片的模拟时也多简化为均质连续圆环,无法反映地震作用下盾构管片接缝的张开、错位等动力响应特征。因此,针对组合工法对接段的构造特征,需进一步发展振动台试验的模型配置方法,以精准模拟盾构管环及衬砌转换等复杂结构,提高大型振动台物理模型试验的可靠性,进而研究隧道刚度变化段的地震响应机制。

4.2　隧道原型

本振动台模型试验研究以采用组合工法修建的区间地铁隧道为依托。由于隧道沿线地层差异较大,依次穿越软土、软弱岩石及中风化围岩等地层,因此采用盾构法和矿山法进行分段掘进。在进行工法对接段时涉及复杂的施工转换和衬砌结构形式的变化,因此工法对接段通常位于稳定性较好的岩石地层。所以,在进行变刚度隧道的地震响应分析时不考虑距离对接段较远的软土层的影响。因此本试验聚焦隧道刚度变化段,同时只考虑对接段区域所处的岩石地层。如图 4-1 所示为该隧道工法对接段的纵剖面图,从图上可知,该对接段主要分为刚度差异较大的 4 个区段:盾构段、内衬加强盾构段、复合衬砌段以及矿山段。

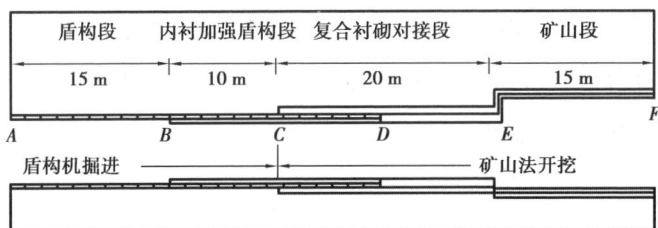

图 4-1　隧道工法对接段纵剖面图

如图 4-2 所示为盾构隧道的横剖面图。该区段衬砌圆环的外径和内径分别为 6 700 mm 和 6 000 mm,衬砌环宽度和厚度分别为 1 500 mm 和 350 mm。每个衬砌环包括 6 块管片,分别为 1 个封顶块(F)、2 个邻接块(L_1 和 L_2)、3 个标准块(B_1 和 B_3)。盾构管片通过环向螺栓以错缝拼装的方式进行组合。

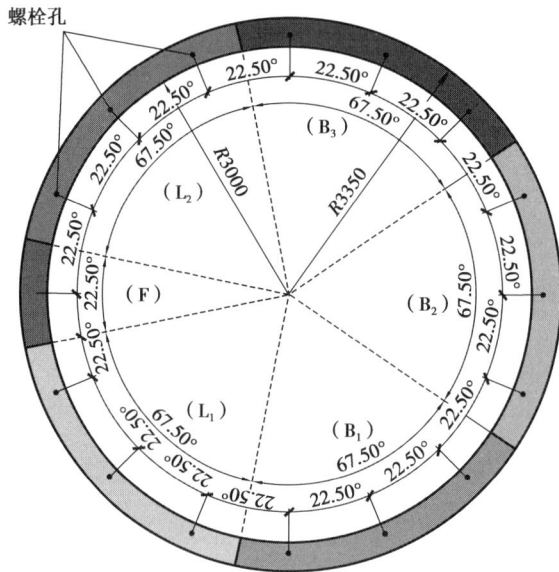

图 4-2 盾构隧道横截面(单位:mm)

如图 4-3 所示为现浇混凝土内衬加强的盾构隧道区段,即长度为 10 m 的 *BC* 段。该区段采用内衬加强,以缓解管片衬砌与复合衬砌之间结构形式和刚度的巨大差异。该混凝土内衬的厚度为 250 mm。

如图 4-4 所示为长度为 20 m 和横剖面外径为 7.9m 的复合衬砌段。该区段包括结构形式类似的 *CD* 段和 *DE* 段。其中,*CD* 段由 3 层衬砌组成:厚度 600 mm 的外层衬砌、350 mm 的盾构管片及厚度 250 mm 的内衬;而 *DE* 段由两层厚度均为 600 mm 的衬砌组成。

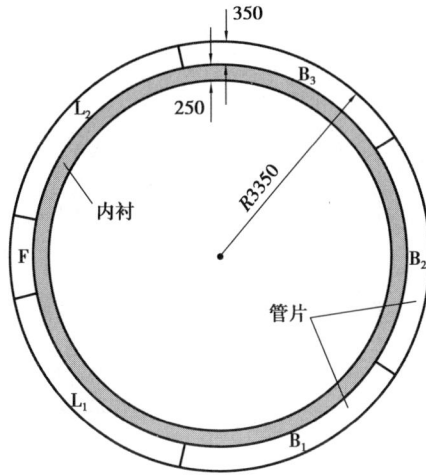

图 4-3　内衬加强盾构段横剖面(单位:mm)

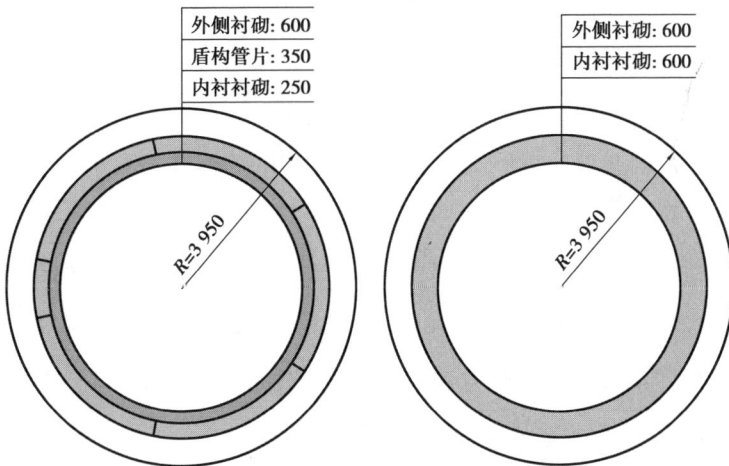

图 4-4　复合衬砌段横剖面图(单位:mm)

最后,如图 4-5 所示为常规的马蹄形矿山法隧道的横截面。该断面的高度和宽度分别为 9.5 m 和 8.1m,包括厚度为 300 mm 的初期支护和厚度为 450 mm 的二次衬砌。

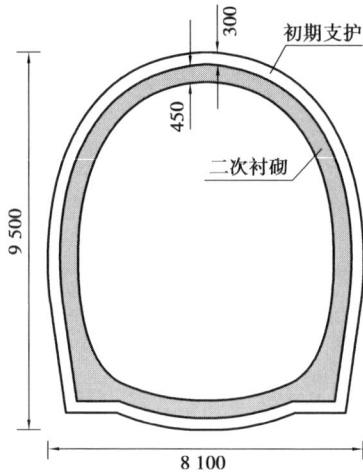

图 4-5 矿山法隧道横截面(单位:mm)

从图上可以看出,该工法对接段隧道结构包含多个刚度变化组成部分,如普通盾构段、内衬加强盾构段、复合衬砌对接段及常规矿山段。如何既不失去连接的刚度特征又简化模型制作,是复合衬砌刚度变化段模型试验的技术关键。此外,对接段振动台模型试验中,需要在哪些关键部位量测结构和围岩的动力反应;尤其是对于盾构隧道连接部位,在结构上安置量测仪器时,常会因构件尺寸较小而显著改变结构的局部刚度,或者因空间尺寸较小而给量测仪器的设置带来困难。因此,本振动台试验的技术难点主要体现在以下几个方面:

(1)盾构隧道管片结构动力等效模型的设计与加工制作;

(2)工法对接段复杂节点等效模型的设计与制作;

(3)结构模型的动力相似比设计;

(4)围岩—结构相对刚度比的匹配;

(5)测点布置方案设计及实施。

4.3　试验设计

4.3.1　试验条件

在进行振动台模型试验设计时需考虑现有的试验条件,即振动台设备的动力性能和基本参数是进行振动台模型试验设计的基础。本研究在同济大学土木工程防灾国家重点实验室完成,实验室的整个振动台系统由 4 个大型振动台与 2 个试验基槽构成,所有台面尺寸均为 4 m×6 m,沿槽道轴线方向为 4 m,沿槽道宽度方向为 6 m,如图 4-6 所示。其中,两侧的 A 和 D 振动台面可以承载 30 t,中间的 B 和 C 两个台面可以承载 70 t。本研究选取承重能力为 70 t 的 C 台面展开模型试验。该振动台具有 3 个方向的自由度(水平横向、水平纵向、水平扭转)。台面主要的性能参数列于表 4-1 中,台面可以输出的最大加速度为 $1.5g$。该多功能振动台可以拟合地震荷载、简谐荷载以及脉冲荷载等多种动力荷载。其中,台面工作频率为 0.1 ~ 50.0 Hz,因此在进行频率设计时要考虑到模型结构的前几阶主要频率,保证其落在振动台的工作频率范围内。

图 4-6　振动台实景及动力系统

表 4-1　本试验所用振动台工作参数

振动台	承载能力 /t	尺寸 /m	工作频率 /Hz	最大位移 /m	最大速度 /(m·s⁻¹)	最大加速度	通道数
C	70	4×6	0.1～50.0	±0.5	±1	±1.5 g	256

4.3.2　相似设计

由于围岩-地下结构动力相互作用体系的振动台模型试验涉及多种材料，因此原型材料和模型材料物理相似性很难得到圆满解决。由于多介质非线性相互作用的特点，在相似关系设计中模型的物理相似性与几何相似性的一致性也难以满足。此外，诸多模型试验在设计时围岩体和地下结构采用两套相互独立的相似比设计系统，难以真实反映围岩—结构之间的相互作用关系及相对刚度比对地下结构动力响应的影响。因此，在模型的相似关系设计中，应综合考虑模型材料的性质、模型制作的技术水平、合理施加配重，模型箱的边界效应与测试元器件的实际性能等因素，使模型材料的刚度比尽可能与原型一致，保持模型材料的变形比尺与几何比尺的一致性，以便其更好地模拟原型结构的真实应力状态及动力反应。此外，在进行动参数相似比设计时尽量控制加速度和频率相似比，让振动台系统保持在一个正常、稳定、准确的工作状态。

1）相似设计理论

首先需要通过严格的相似比设计理论建立隧道原型与试验模型之间的相似关系，以保证振动台试验能反映隧道在地震动作用下的动力响应特征，并通过相似比换算得到实际工程中结构的受力和变形状态。相似比关系的设计主要包括几何相似、动力相似和运动相似。

量纲分析法是进行相似关系设计时最基本的推导基础，基本原理是将含有量纲物理量的齐次等式转化为无量纲等式。隧道工程中，不同的物理量均可以通过长度(l)、质量(m)和时间(t)等 3 个基本量来表达,假定其相似比分别为 S_l,S_m,S_t。例如,惯性力是加速度与质量的积,则其相似比可以表示为 $S_l \cdot S_m \cdot S_t^{-2}$。量纲分析法需要遵循第一相似定理和第二相似定理,分别为相似物理现象的 π 数相等以及 n 个物理参数、k 个基本量纲可以确定 $(n-k)$ 个 π 数。因此通过量纲分析法确定相似条件的步骤主要是:列出与所研究的物理过程相关的物理参数,然后根据相似定理使模型和原型的 π 数相等,得到模型设计的相似条件;遵循量纲和谐的概念,从而确定所研究各物理量的相似常数。此外,方程式分析法是量纲分析法中的一种特殊情况,以各物理量之间满足的方程式作为 π 数,各物理量遵循量纲的协调原理。

Buckingham-π 定理对量纲分析法进行改进,通过确定 n 个重要的物理量和 k 个基本量纲,然后用 $(n-k)$ 项无量纲量 π 来表示系统中的参数关系。基本量纲通常包括几何物理量、动力学物理量和运动学物理量,其物理方程可表示为

$$F(x_1,x_2,\cdots,x_n)=0 \tag{4-1}$$

其无量纲量函数形式为:

$$f(\pi_1,\pi_2,\cdots,\pi_{n-k})=0 \tag{4-2}$$

基于组合工法的隧道变刚度段包括盾构管片隧道及复合衬砌对接段等,其结构关键连接部位的构造相对复杂。然而,目前已完成的离心机或者振动台模型试验的几何比尺通常小于 1∶25,甚至缩尺到 1∶100,模型制作时难以很好地模拟原型结构的细部构造特征;尤其是在模拟盾构隧道管片等构造复杂的离散构件时,无法考虑纵向和横向螺栓的构造和连接作用。此外,较小的几何相似比给观测和数据采集带来极大的不便,并且造成较大的不可避免的缩尺误差。因此,本书拟采用 Buckingham-π 定理设计大比尺的振动台模型试验,以提高模型试验的测试精度。

2)相对刚度比相似

围岩—结构之间的相互作用对结构的动力响应有很大的影响,而围岩与结构之间的相对刚度是决定围岩—结构相互作用的重要参数之一。袁勇等在设

计沉管隧道振动台试验的模型时,考虑了矩形结构与土体之间的相对刚度,相对刚度的相似比可以表示为

$$S_F = \frac{F_M}{F_P} \tag{4-3}$$

其中 F_M 和 F_P 分别为模型围岩—结构以及原型围岩—结构的相对刚度比。因此,围岩和隧道模型应满足的相似比目标是:

$$S_F = 1 \tag{4-4}$$

隧道横截面的相对刚度比通过下式求解:

$$F = \frac{E_M(1-v_1^2)R^3}{6E_1I(1+v_M)} \tag{4-5}$$

其中 E_M 和 E_1 分别为围岩和衬砌结构的弹性模量;v_M 和 v_L 分别为围岩和衬砌结构的泊松比;R 是结构断面的平均半径;I 是单位长度衬砌剖面的惯性矩。因此,式(4-4)改写为:

$$S_F = \frac{F_P}{F_M} = \frac{\left(\dfrac{E_M(1-v_L^2)R^3}{6E_LI(1+v_M)}\right)_{prototype}}{\left(\dfrac{E_M'(1-(v_L')^2)\times(R')^3}{6E_L'I'(1+v_M')}\right)_{model}} = 1 \tag{4-6}$$

试验设计中通过相似比设计和模型材料的设计满足式(4-6)的相对刚度比要求,以准确反映地震作用下实际隧道结构与围岩之间的动力关系。

3)模型相似比

根据 Buckingham-π 相似定理和围岩—结构相对刚度比等效原则,并结合已有的实验室条件进行相似比设计。由于拟采用的振动台承重为 70 t、台面尺寸为 4 m×6 m,所以首先拟订隧道模型的几何相似比为 1∶10;然后在综合协调振动台动力性能和模型材料弹性模量的基础上,拟订加速度相似比为 1,弹性模量相似比为 1∶50。在此基础上,根据相似理论推算得到其他相关物理量,如位移、时间、频率、应力的相似关系,如表 4-2 所示。

表 4-2　振动台试验各参数相似比

类型	物理量	相似关系	相似比
材料特性	应力	S_σ	0.02
	应变	S_ε	1
	弹性模量	S_E	0.02
	质量密度	$S_\sigma/(S_a \cdot S_1)$	0.2
几何特性	长度	S_1	0.1
	线位移	S_1	0.1
	角位移	S_σ/S_E	1
	面积	S_1^2	0.01
荷载	集中荷载	$S_\sigma \cdot S_1^2$	0.001
	线荷载	$S_\sigma \cdot S_1$	0.01
	面荷载	S_σ	0.1
	力矩	$S_\sigma \cdot S_1^3$	0.000 1
动力性能	质量	$S_\sigma \cdot S_1^2/S_a$	0.000 2
	频率	$S_1^{-0.5} \cdot S_a^{0.5}$	3.162 277 66
	速度	$(S_1 \cdot S_a)^{0.5}$	0.316 227 766
	加速度	S_a	1

4）模型材料

目前已完成的振动台模型试验研究中采用石膏、微粒混凝土、PVC 管材、合成树脂类材料等模拟隧道衬砌。当模型试验几何比尺相对较大或结构形式相对简单时,多采用石膏类材料、微粒混凝土或者按照特殊比例配制的改性混凝土。石膏等材料能较好地模拟混凝土的力学行为,但由于其强度较低,模型制作和安装的难度较大。为提高模型材料的韧性或强度,以满足小比尺模型制作的要求,很多学者采用合成树脂来制作衬砌结构。鞠杨等用环氧树脂材料制作了盾构隧道管片模型,进行了荷载测试与分析;黄宏伟等采用聚乙烯(PE)管模拟隧道结构,用螺丝和塑料片模拟环向接头。

组合工法对接段的衬砌构造相对复杂:矿山法隧道及内衬为纵向均匀结构,制作相对简单;而盾构管片隧道,应考虑到管片模型的拼装方法及环缝和纵缝对隧道整体刚度的影响。此外,模型的设计方案不仅需要考虑隧道结构的受力特性,需要同时考虑模型的材料特性能匹配围岩—结构相对刚度不变的控制原则。经过对不同材料的测试、比选,最终选定由不同比例配制而成的纤维泡沫混凝土来模拟隧道衬砌和围岩。本实验所采用的泡沫混凝土材料主要由水泥浆、泡沫和合成纤维混合配制而成,它既能满足模型材料在力学特性等方面的相似比要求,又能满足振动台承载能力的要求。泡沫混凝土配制的简要流程如图4-7所示。

图 4-7　泡沫混凝土制作模型示意图

如图4-8(a)所示为泡沫混凝土模型材料与围岩的应力变形标准化曲线。由图可以看出,模型材料与原型围岩的应力变形曲线发展规律基本一致;说明泡沫混凝土可以较好地再现围岩的受力变形特性。同时,如图4-8(b)所示的应力变形曲线也说明不同配比的泡沫混凝土可以准确反映混凝土材料的受力特性;各类模型材料的基本物理性质及配制参数如表4-3、表4-4所示。

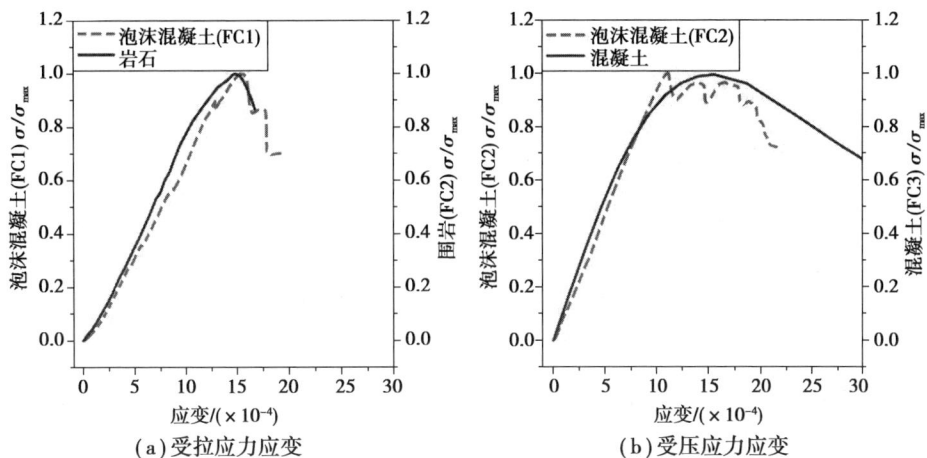

（a）受拉应力应变　　　　　　　　　　　（b）受压应力应变

图 4-8　泡沫混凝土与原型材料的应力变形对比曲线

表 4-3　原型材料与泡沫混凝土模型材料物理参数

材料参数		弹性模量/MPa	泊松比	密度/（kg·m⁻³）
围岩	原型	$5.5×10^3$	0.32	2300
	模型 FC1	$0.11×10^3$	0.32	460
模筑混凝土	原型	$33.5×10^3$	0.2	2500
	模型 FC2	$0.67×10^3$	0.2	930
预制管片	原型	$35.5×10^3$	0.2	2500
混凝土	模型 FC3	$0.71×10^3$	0.2	950

表 4-4　泡沫混凝土配制参数

种类编号	水/L	泡沫/L	水泥浆		聚酯纤维	
			水泥标号	质量/kg	长度/mm	质量/g
FC1	1	5.15	50#	1.82	6	9.1
FC2	1	2.20	50#	1.96	6	9.8
FC3	1	2.30	50#	2.13	6	10.6

4.4 模型设计

4.4.1 物理模型

在综合考虑上节相似比设计原则和振动台设备的尺寸和性能情况下,设计得到本研究所使用的围岩—结构物理模型。如图4-9所示为振动台物理模型的纵剖面图,模型长为6 m,宽为4 m,高为2 m。与原型隧道一致,该隧道模型沿纵向也可以分为4个区段:盾构管环段、内衬加强盾构段、复合衬砌对接段及矿山段。此外,可以计算得到围岩相对于变刚度隧道各区段的相对刚度比,以及隧道各区段的纵向抗压刚度,分别如图4-10(a)和(b)所示;可以看到各隧道区段衬砌结构之间的刚度差异非常大。

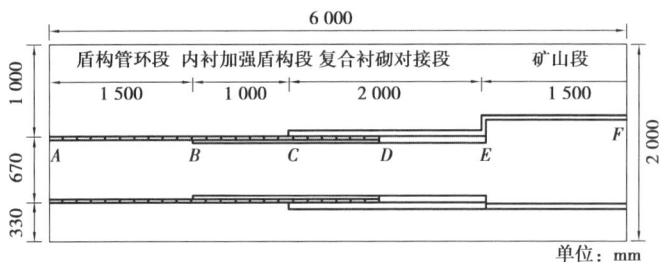

图4-9　物理模型纵剖面图

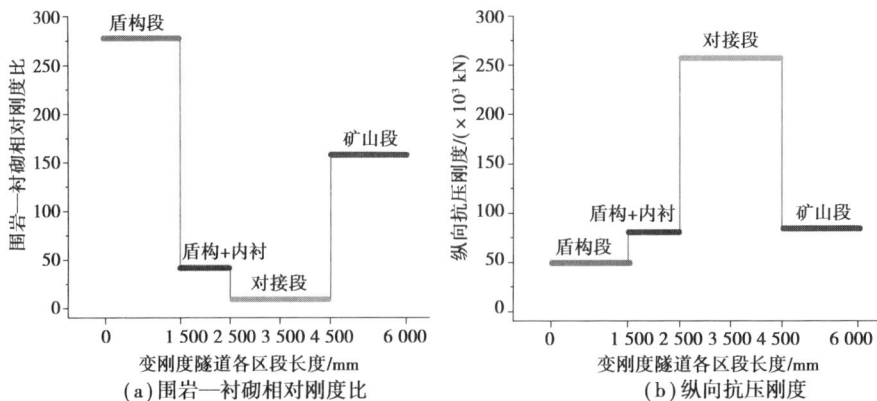

图4-10　变刚度隧道各区段相对刚度比及纵向抗压刚度

4.4.2　盾构管片简化设计

盾构隧道特殊的拼接工艺导致隧道本身存在大量的环向缝和纵向缝,缝两侧的衬砌环和管片通过螺栓连接相互传力。地震作用下盾构隧道管环接缝的张开等变形是评价隧道结构安全的重要指标,因此在进行模型试验时应考虑。然而,这些缝隙和螺栓连接都对模型设计造成了极大困难,如果将隧道结构的连接方式完全通过缩尺的方式进行模拟,不仅制作工艺极为复杂,而且较难完全符合相似比设计理论的要求。如果隧道模型采用与真实隧道结构相同的拼装工艺,则管片数量较多,即使能够按照设计要求加工出来,也需要耗费极大的模型制作成本,试验前的拼装工作也会十分烦琐。因此,拟对盾构隧道管片进行简化等效设计。

对于实际的盾构隧道结构,衬砌管片结构并非均质连续的管状结构,同一衬砌环由多个管片组成,各个管片之间由横向螺栓连接。隧道原结构单个衬砌环的环宽 1.5 m,相邻衬砌环之间通过纵向螺栓连接,各衬砌环之间为错缝拼装。同时,盾构隧道衬砌由离散的预制混凝土管片装配而成,环向螺栓(即纵缝)处的接头刚度远小于混凝土管片的刚度,因此是整个衬砌环汇总最薄弱的区域。纵缝的存在显著降低了隧道结构的整体变形刚度。为模拟管片纵缝接头产生的刚度折减,通过对均匀圆环在管片接缝处切槽来实现。在进行切槽设计时,通过切槽深度和宽度来控制管环等效。通过对切槽的尺寸进行优化设计,以满足盾构管环的刚度相似比要求。经过多次试算,最终得到如图 4-11 所示的切槽等效管环模型。

原隧道结构的每个衬砌环单独制作,同一衬砌环的各个管片不再考虑横向螺栓在单独制作后的拼装。原隧道结构衬砌环宽度 1.5 m,按模型整体 1/10 的几何尺寸相似比缩尺后,衬砌环模型宽度为每环 15 cm。衬砌环模型在原结构纵缝处设置削减槽,并通过刚度等效原理设计得到了削减槽环向宽度及径向深度。衬砌环模型在原结构纵向螺栓设置处也通过螺栓进行连接,并以此模拟原结构纵向螺栓的传力效果。

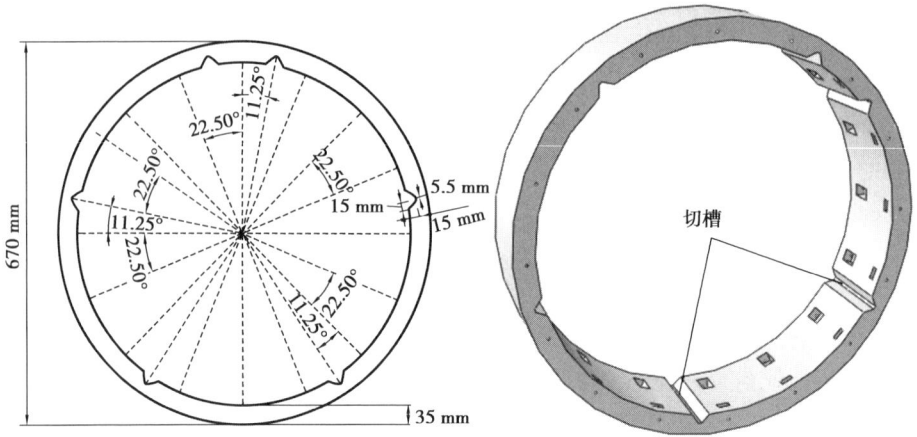

图 4-11　盾构隧道衬砌环管片简化模型

4.4.3　横向刚度有效率等效和验证

如上节所述,相对于连续均匀的隧道圆管,盾构管片纵向接缝大大降低了衬砌环的整体刚度。假定相对于均匀圆环,管片隧道衬砌横向抗弯刚度的有效系数为 η_t。日本的隧道设计规范对该有效系数的建议值为 0.8,而我国的建议值为 0.6 ~ 0.8。何川和封坤等通过整环试验研究了 10 m 级和 15 m 级盾构隧道的横向刚度系数,结果表明直径为 10 m 的盾构隧道,刚度有效系数为 0.5 ~ 0.7;而直径为 15 m 级的大直径隧道,该有效系数为 0.6 ~ 0.7。李晓军等以沿江通道为研究背景,通过数值模拟研究了盾构隧道在不同埋深下的刚度有效系数,分析结果表明错缝拼装盾构隧道的有效率为 0.70 ~ 0.81,而通缝拼装时为 0.58 ~ 0.75。

盾构隧道的横向刚度有效率可以表示为:考虑纵缝接头圆环整体抗弯刚度与相同条件下均匀圆环整体抗弯刚度的比值,即

$$\eta_t = \frac{k_n}{k_u} \tag{4-7}$$

其中,k_n 为考虑纵缝衬砌环的横向刚度,k_u 是均匀圆环的横向刚度。可以

通过数值建模计算得到这两种管环的横向刚度有效系数。如图 4-12 所示分别为本书设计的切槽等效模型和均质模型。在进行数值计算时,对模型分别施加相同的约束条件和荷载:约束模型底部、在模型顶端施加竖向集中力、逐渐增加顶部荷载,从而得到模型竖向变形与荷载关系曲线。其中,切槽等效模型的横向弯曲刚度为:

$$k_n = \frac{P}{\Delta D_n} \tag{4-8}$$

其中,ΔD_n 表示切槽等效圆环的直径变化量。

同理,均质圆环的横向弯曲刚度为:

$$k_u = \frac{P}{\Delta D_u} \tag{4-9}$$

其中,ΔD_u 是均质圆环直径变化量。因此,等效衬砌环模型的横向刚度有效率可表示为:

$$\eta_t = \frac{k_n}{k_u} = \frac{\Delta D_u}{\Delta D_n} \tag{4-10}$$

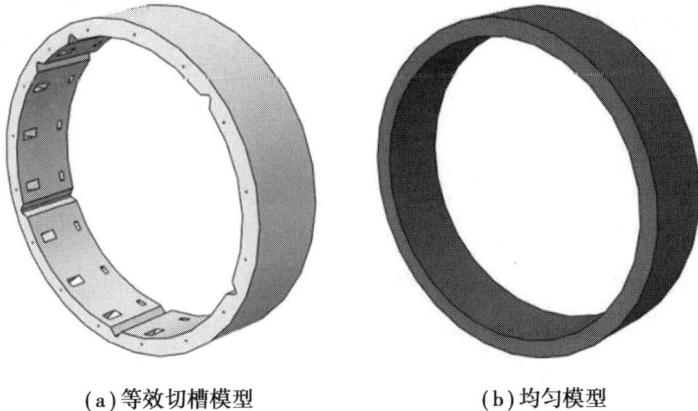

(a) 等效切槽模型　　　　　　　　(b) 均匀模型

图 4-12　横向刚度有效率验证试验

图 4-13 给出了横向刚度有效率的数值模拟结果。从整体上看,模型管环的直径变化与竖向荷载之间呈线性关系,带切槽衬砌环的直径变化量明显大于均匀环的直径变化。根据模型环竖直方向的直径变化,计算得到横向刚度有效

率为 0.71;该结果与上述学者所提出的刚度有效率接近。验证结果说明,切槽圆环的整体刚度折减与实际隧道衬砌环的整体刚度折减是相似的,在模型环上切槽的方法可以用于等效实际隧道的纵缝接头,从而说明了该切槽简化设计的合理性。

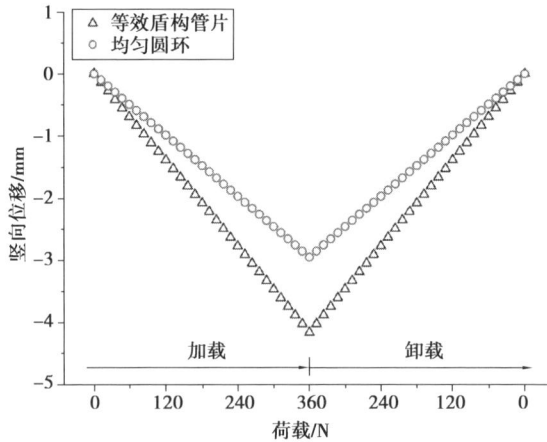

图 4-13　盾构圆环横截面竖向位移对比

4.4.4　纵向刚度有效率验证

为了模拟实际隧道纵向螺栓的效应,本试验也根据实际螺栓孔的位置,通过螺栓将衬砌模型进行连接;并通过数值试验计算拼接之后的隧道模型的纵向刚度有效系数,并与实际隧道的纵向刚度有效系数进行对比。同横向刚度的折减思路类似,即:与相同条件下的纵向均匀隧道圆管的刚度相比,环缝引起实际盾构隧道弯曲刚度的降低。其纵向刚度有效系数可以表示为:

$$\eta_l = \frac{EI_{actual}}{EI_c} \tag{4-11}$$

其中,EI_{actual} 表示真实盾构隧道的纵向弯曲刚度,EI_c 表示纵向均匀隧道管环的抗弯刚度。

叶飞等通过有机玻璃制作管片衬砌,用钢质和铝质的焊丝模拟管片螺栓接头,从而制作了较精细的缩尺盾构隧道模型,并通过静力加载试验得到了管片衬砌的纵向抗弯刚度。试验结果表明,错缝拼装盾构隧道的纵向刚度有效率为0.20 ～ 0.40,而通缝拼装盾构隧道的有效率为0.18 ～ 0.39。黄正荣等也通过静力加载的模型试验分别得到了错缝隧道和通缝隧道的纵向抗弯刚度有效率为0.16 和 0.14。

与横向刚度有效率的验证方法类似,本书通过数值模拟分析对等效盾构隧道模型和均质圆管模型的刚度进行计算。首先建立一个与等效盾构隧道模型相同尺寸的均质管环,如图 4-14(a)所示;同时对 16 环管片隧道建立三维数值模型。管片结构采用八节点六面体 C3D8R 实体单元模拟,管片材料参数如表4-3 所示。对于等效盾构管片模型,管片之间的相互作用采用了对称罚函数的接触算法,管片之间法向设置为不可相互渗透的硬接触,且可以实现管片之间的接触与分离;切向可以模拟管片之间的小滑移,但不考虑管片之间的摩擦对结果的影响。此外,从模型细节图也可以看出,管环模型通过纵向螺栓连接;螺栓端部与相邻的管片单元通过 TIE 约束连接。

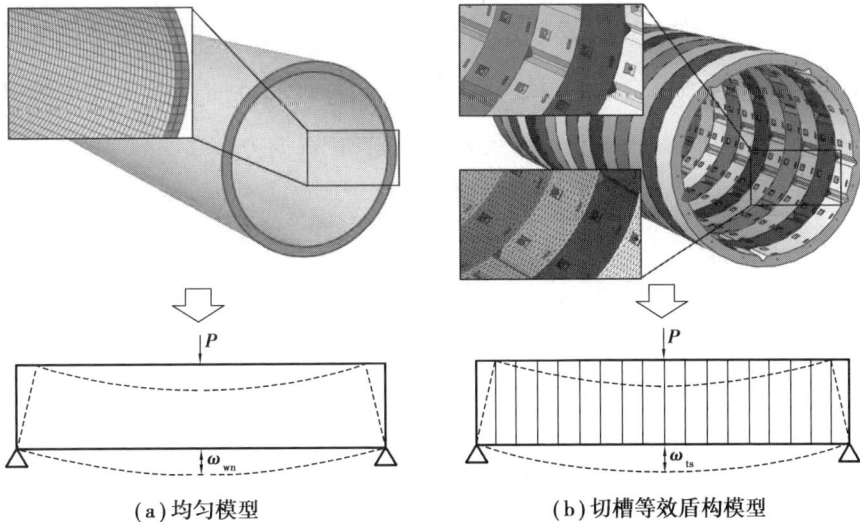

(a)均匀模型　　　　　　　　(b)切槽等效盾构模型

图 4-14　纵向刚度有效率验证试验

数值计算时分别约束模型两端的竖向位移,并且在模型中部施加逐渐增大的静力荷载,荷载由 0 N 递增为 200 N,并分别量测模型中间的竖向挠曲位移 ω。如图 4-14 所示,假定均质圆管和等效盾构模型的竖向位移分别为 ω_{um} 和 ω_{ts},则均匀隧道模型的纵向弯曲刚度为:

$$EI_c \propto \frac{P}{\omega_{um}} \qquad (4\text{-}12)$$

切槽等效盾构隧道模型的纵向弯曲刚度为:

$$EI_{notched} \propto \frac{P}{\omega_{ts}} \qquad (4\text{-}13)$$

因此,可以通过两个模型的挠度比值得到切槽等效盾构隧道模型的纵向刚度有效率:

$$\eta_1 = \frac{\omega_{um}}{\omega_{ts}} \qquad (4\text{-}14)$$

图 4-15 所示为两种模型竖向荷载与挠度的变化曲线。结果表明隧道模型的变形与竖向荷载基本上呈线性变化趋势,并且均匀圆管模型的变形明显小于等效盾构隧道模型。通过对比计算两条荷载-变形曲线的斜率可以得到等效盾构隧道模型的纵向刚度有效率为 $\eta_1 = 0.35$。该计算结果与叶飞关于错缝拼装盾构隧道的纵向刚度有效率很接近。该结果可以证明:切槽简化模型的纵向连接可以在试验中较好地体现环缝接头对隧道衬砌纵向力学性能的影响。

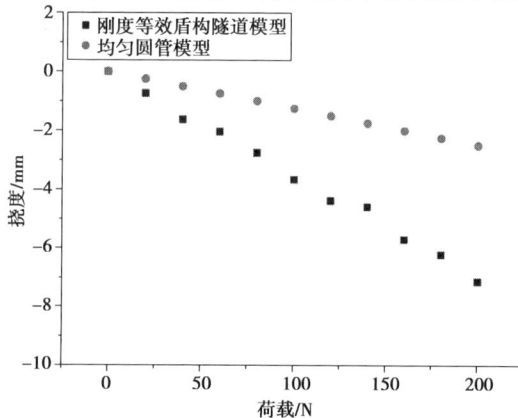

图 4-15 切槽隧道模型与均质模型挠度对比

　　该衬砌环模型的简化设计,经过有限元数值计算验证,能够真实地模拟原隧道结构中纵缝、环缝、环向螺栓、纵向螺栓等存在的结构不连续性。同时该模型省去了同一衬砌环不同管片的拼装,极大地简化了隧道模型的制作和拼装过程。

4.5　试验模型

4.5.1　模型制作

　　盾构隧道模型的制作主要包括 3 个步骤:

　　(1)采用盾构管环模具预制泡沫混凝土衬砌环。图 4-16(a)给出了管环模具的具体构造:该圆环由 6 块模具拼接而成,模型上安置了凸起的铁块(A 类),以模拟盾构管环纵向切槽;此外,B 类凸起的铁块用于模拟盾构管环螺栓孔位置处的凹槽,方便通过螺栓将盾构管环连接成隧道整体。

　　(2)当盾构管环达到设计强度时拆模,并将边缘打磨平整,如图 4-16(b)所示。

　　(3)最后通过螺栓将多个盾构管环拼接成隧道整体,如图 4-16(c)所示。

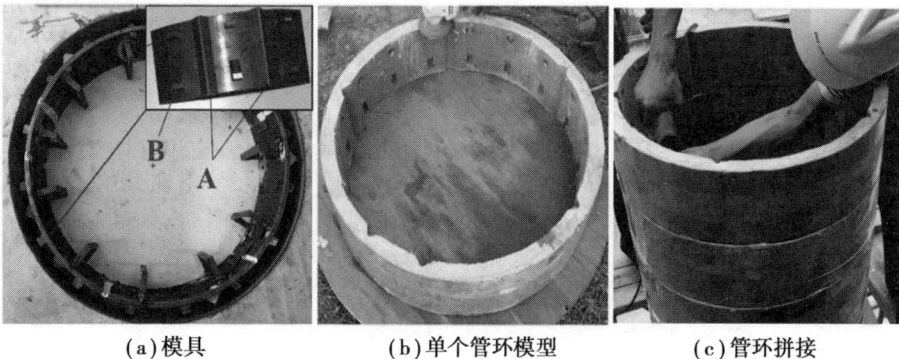

(a)模具　　　　　　　(b)单个管环模型　　　　　　(c)管环拼接

图 4-16　盾构隧道管环模型

除盾构隧道模型外,其余隧道衬砌在实际工程中均采用现浇混凝土,因此其模型的制作相对比较简单,主要分为以下几个步骤:

(1)在采用现浇泡沫混凝土时,首先将模型竖立并分段分层进行浇注;

(2)分层浇注最低端的矿山法隧道衬砌,如图 4-17(a);

(3)分层浇注位于中部的浇筑复合衬砌对接段;

(4)在浇注含盾构管片的区段时,先将预制好的盾构管片连接,固定在设定位置,如图 4-17(b)所示;随后浇注与盾构衬砌相邻的内衬,如图 4-17(c)所示;

(5)最后将制作完成的隧道模型平放并完成围岩体模型的浇注,如图 4-17(d)所示。整个围岩体模型的浇注在一个刚性的钢筋混凝土底板上完成。钢筋混凝土底板即模拟基岩面,并且在底板四周预留螺栓孔。待模型准备工作完成以后,通过螺栓将振动台台面通过螺栓与钢筋混凝土底板连接。图 4-18 给出了最终制作完成的岩石隧道变刚度段物理模型。

(a)矿山段浇筑

(b)复合衬砌段浇筑

(c)盾构隧道内衬加强段浇筑

(d)围岩模型浇筑

图 4-17 隧道变刚度段模型制作

(a) 整体视图

(b) 盾构端视图

(c) 矿山法隧道端视图

图 4-18　制作完成的物理模型

4.5.2　测试设计及测点布置

在振动台模型试验激励过程中主要观测隧道模型关键点加速度、衬砌结构应变、管环模型接缝张开位移、围岩—结构相互作用力等。所选用的传感器分别为压电式加速度传感器、电阻应变传感器、电感式位移计和应变式微型土压力盒等。

压电式加速度传感器是利用晶体的压电效应制成的,其特点是稳定性高、机械强度高且能在很宽的温度范围内使用,但需要注意的是压电式传感器为单方向传感器。如图 4-19 所示为加速度传感器的主要观测断面,A1 ~ A7,共计 7个。其中,在每个观测断面上布置 4 个加速度传感器,隧道顶部(0°)和底部

（180°）各两个，如图 4-20 所示。首先在测点位置粘贴一块正方体 PE 材料，分别在正方体的侧面和正面粘贴加速度计，分别测试隧道衬砌在水平横向和水平纵向的加速度响应，如图 4-20（b）所示。图 4-19 中单数 1/3/5 等表示水平 X 方向（垂直于隧道轴线），双数 2/4/6 等表示水平 Y 方向（平行于隧道轴线）。横剖面图 4-20（a）中编号 A1-0 表示 A1 观测断面 0°位置。

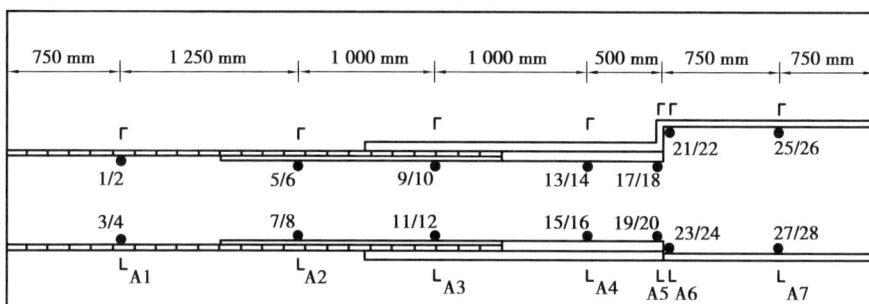

图 4-19　加速度观测断面

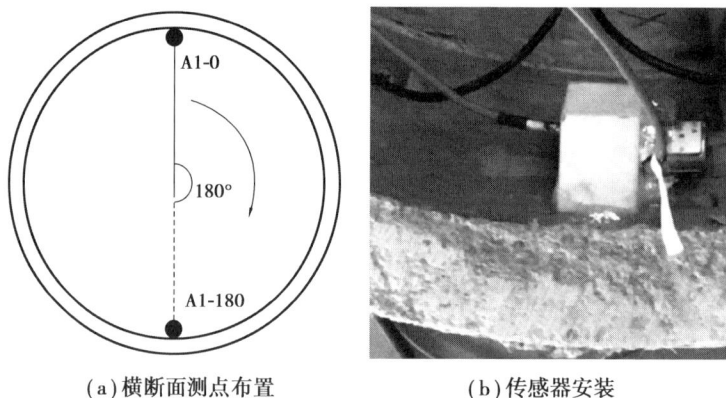

（a）横断面测点布置　　　　　（b）传感器安装

图 4-20　加速度传感器横截面布置

电阻应变片是利用金属丝导体的应变电阻效应来测量结构模型的应变。在进行应变片传感器布置时，主要考虑结构形式和刚度变化对衬砌本身受力的影响。如图 4-21 所示为布置应变传感器的关键断面，共计 7 个。每个横截面自下而上，在 0°、45°、90°、135°以及 180°等位置设置测点，每处测点粘贴横向和纵向应变片,如图4-22所示。与加速度观测断面编号规则类似,S1-0表示在S1观测断面的0°位置处。

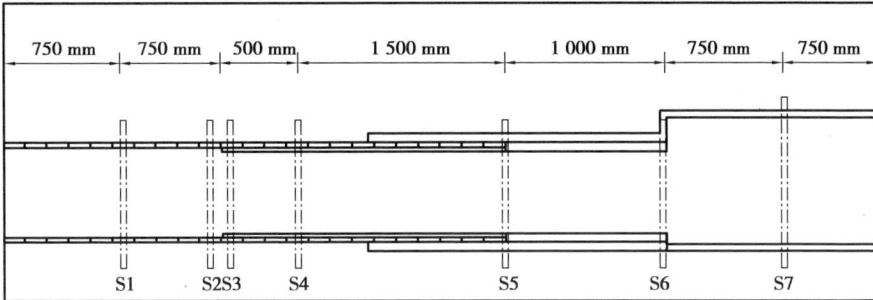

图 4-21 应变片观测断面

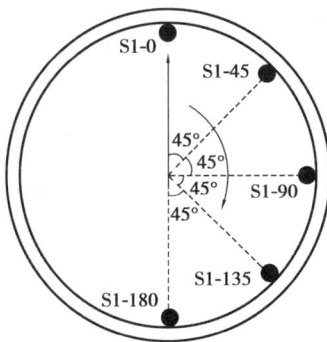

(a)横断面测点布置   (b)传感器安装

图 4-22 应变片横截面布置

与地上结构不同,隧道结构受围岩体紧密包裹,在地震作用下衬砌的振动和受力变形受围岩的荷载传递控制。因此,本试验通过在衬砌与围岩之间安装压力传感器来测试隧道结构与围岩之间的接触压力,进而分析围岩与隧道结构之间的荷载传递模式。如图4-23所示为安装压力传感器的典型断面,共计6个。在每个观测断面设置4个测点,分别为0°、45°、90°和135°等位置,如图4-24所示。

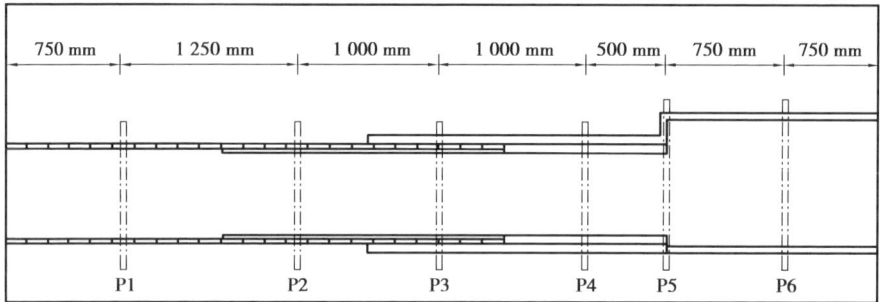

图 4-23　压力计观测断面

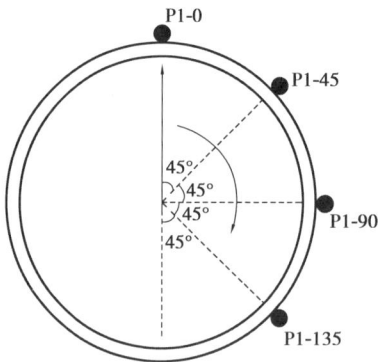

（a）横断面测点布置　　　　　（b）传感器安装

图 4-24　接触压力计横截面布置

盾构隧道管片拼接处的横缝和纵缝，将显著降低隧道结构的整体刚度；在地震作用下，由于管环之间的不连续，接缝处易产生较大的张拉位移，是盾构管片隧道的抗震薄弱区域。因此，为分析盾构环缝在地震作用下的变形，本试验在管环接缝处安装电感式位移计测试盾构隧道环缝沿纵向的变形量。所采用电感式位移计的量程为-2.5 ～ 2.5 mm，分辨率为5‰。如图 4-25 所示，共计 4 个环缝位移观测断面；每个观测断面在 0°、45°、90°、135°以及 180°等关键位置处布设测点，如图 4-26 所示。

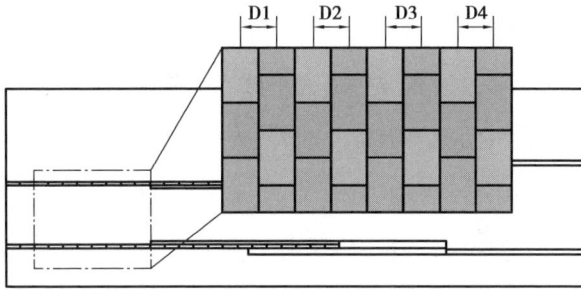

图 4-25　盾构隧道环缝张开位移观测断面

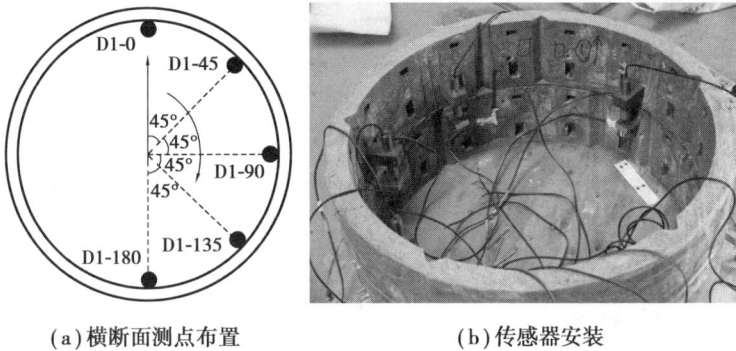

（a）横断面测点布置　　　　　　（b）传感器安装

图 4-26　电感式位移计横截面布置

4.5.3　试验工况

根据不同的试验目的,试验工况可以根据不同输入方向、不同地震动强度和不同地震波类型进行设计。

1）输入方向

隧道为地下现状结构物,其纵向尺寸远大于横向尺寸,因此地震动的激励方向对隧道结构的地震响应影响较大。过去的研究表明,在不同振动形式下,长隧道结构本身的形状变化可能存在蛇形变形和蠕动变形两种形式,对比不同方向振动下的响应特征,可以间接了解导致结构变形差异性的原因。因此,在振动台模型试验中分别采用单向和双向输入机制,以研究不同的输入模式对变刚度隧道结构地震响应的影响,包括单水平横向输入、单水平纵向输入和双向水平输入。

2）不同地震波类型

本试验拟采用的输入地震波包括人工波和天然波（汶川波）两种，由此考虑不同地震波作用下隧道的地震响应。此外，为分析隧道结构在特定频率动荷载作用下的响应特征，设计不同振动频率（0.5 Hz,2 Hz,3.16 Hz,4.7 Hz,6.32 Hz,10 Hz,17 Hz）的正弦波工况。正弦波频率是根据人工波的频谱特征及主频区段确定的，例如 2 Hz,3.16 Hz 及 4 Hz 时人工波的傅里叶变换幅值相对较大。图 4-27—图 4-29 所示分别为试验中采用的人工波和汶川波（NS 分量和 EW 分量）加速度时程曲线及相应的频谱图。

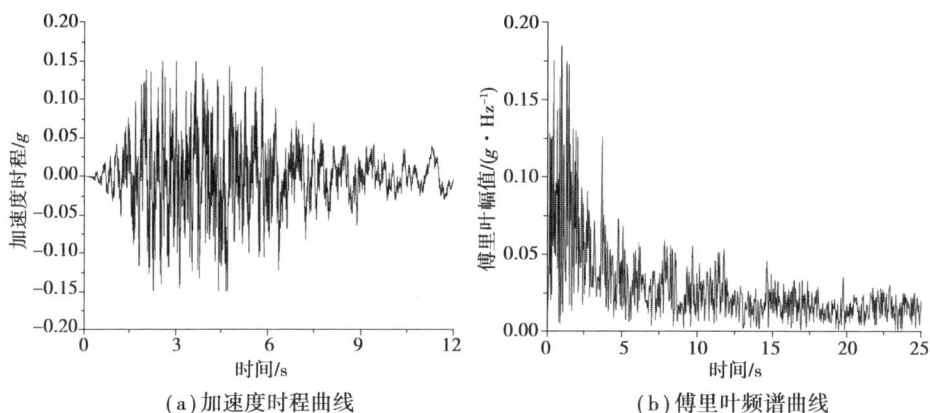

（a）加速度时程曲线　　　　　　　（b）傅里叶频谱曲线

图 4-27　人工波

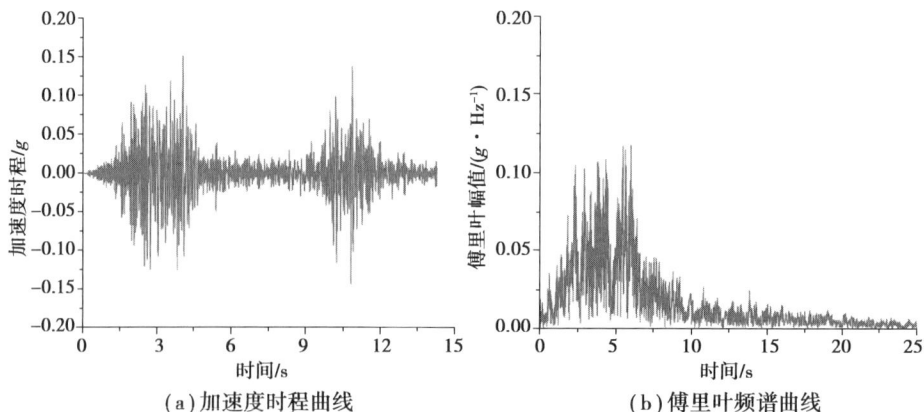

（a）加速度时程曲线　　　　　　　（b）傅里叶频谱曲线

图 4-28　汶川波 NS 分量

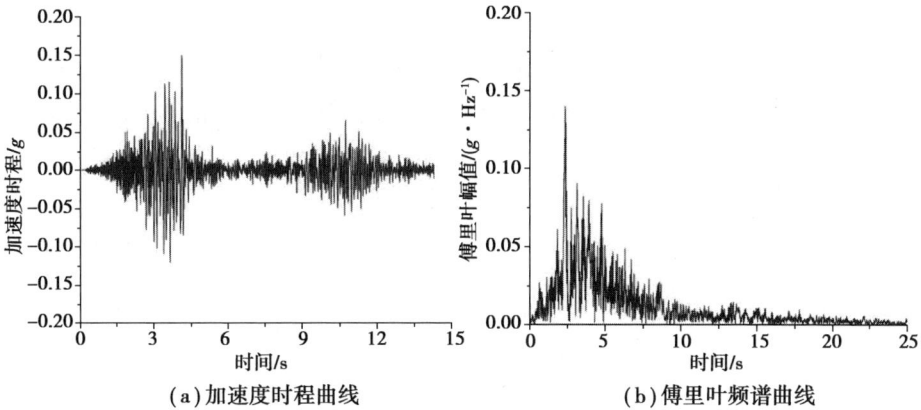

（a）加速度时程曲线　　　　　　　（b）傅里叶频谱曲线

图 4-29　汶川波 EW 分量

3）不同地震动强度

根据 2016 年 5 月发布、同年 6 月 1 日正式实施的《中国地震动参数区划图》（GB 18306—2015），明确了基本地震动、多遇地震动、罕遇地震动和极罕遇地震动四级地震作用下的地震动参数的确定方法：

（1）多遇地震动峰值加速度宜按不低于基本地震动峰值加速度 1/3 倍确定；

（2）罕遇地震动峰值加速度宜按基本地震动峰值加速度 1.6～2.3 倍确定；

（3）极罕遇地震动峰值加速度宜按基本地震动峰值加速度 2.7～3.2 倍确定。

此外，结合《城市轨道交通结构抗震设计规范》（GB 50909—2014），可以确定隧址基本地震动峰值加速度为 0.15 g，地震动反应谱特征周期为 0.45 s，设计地震基本烈度为Ⅶ度（第二组）。针对盾构隧道-矿山法隧道刚度变化段的构造特点，制订考虑不同地震动水平的大型振动台模型试验工况。由于隧道所处地层地质条件较好，围岩完整性较好，在多遇地震动（峰值为 0.05 g）作用下，隧道结构安全可靠；因此主要研究Ⅶ度抗震设防基本地震动和罕遇地震动作用下隧道刚度变化段的动力响应规律。根据《城市轨道交通结构抗震设计规范》中针对基本地震动 E2 的规定：重现期为 475 年，峰值加速度为 0.15 g；E3 地震动的重现期为

2450 年,峰值加速度为 0.31 g。此外,为揭示变刚度隧道在强震作用下的抗震性能,在完成基本地震动工况后逐级增大输入地震动峰值,如 0.4g,0.5g,0.6g,…进行强震工况试验。表 4-5 列出了振动台模型试验的所有工况及相关参数。

表 4-5　振动台模型试验工况表

序号	工况编号	地震波类型	激励方向	峰值加速度	地震波文件名	主频范围/Hz
1	N1	白噪声	X		—	—
2	A1	人工波	X		RGB	
3	A2	人工波	Z		RGB	0.316～17.4
4	A12	人工波	XZ		RGB	
5	W12	汶川 NS 和 EW 波	XZ		NS 和 EW	
6	S1	正弦波 1	XZ	0.15g	S1	0.5
7	S2	正弦波 2	XZ		S2	2
8	S3	正弦波 3	XZ		S3	3.16
9	S4	正弦波 4	XZ		S4	4.7
10	S5	正弦波 5	XZ		S5	6.32
11	S6	正弦波 6	XZ		S6	10
12	S7	正弦波 7	XZ		S7	17
13	N2	白噪声	X		—	—
14	AA12	人工波	XZ	0.31g	RGB	0.316～17.4
15	N3	白噪声	X	—	—	—
16	A4	人工波	XZ	0.4g	RGB	
17	A5	人工波	XZ	0.5g	RGB	
18	A6	人工波	XZ	0.6g	RGB	
19	A7	人工波	XZ	0.7g	RGB	0.316～17.4
20	A8	人工波	XZ	0.8g	RGB	
21	A9	人工波	XZ	0.9g	RGB	
22	A10	人工波	XZ	1.0g	RGB	

4.6 模型试验验证

4.6.1 有限元模型

　　数值模拟是研究隧道结构地震动响应机制的又一有效手段。因此,本书通过 ABAQUS 软件平台建立与振动台模型试验相对应的三维数字模型,计算结果与模型试验进行交叉对比,相互验证振动台模型试验方法和数值模型的有效性和合理性。如图 4-30(a)所示为衬砌-围岩三维有限元模型。围岩采用实体单元进行模型,同时,由于隧道变刚度段包括多种衬砌类型以及不同的衬砌厚度,因此衬砌结构也采用实体单元进行模拟。针对盾构段,混凝土管环之间的接触面采用"硬接触",即允许接触面两侧的单元发生切向滑动和法向分离,而不能产生法向的相互渗透,如图 4-30(b)所示。此外,为真实反映螺栓的安装位置和几何尺寸,采用实体单元模拟连接盾构管环的纵向螺栓;并将螺栓端部绑定在与其相邻的混凝土管环单元节点上,如图 4-30(b)所示。

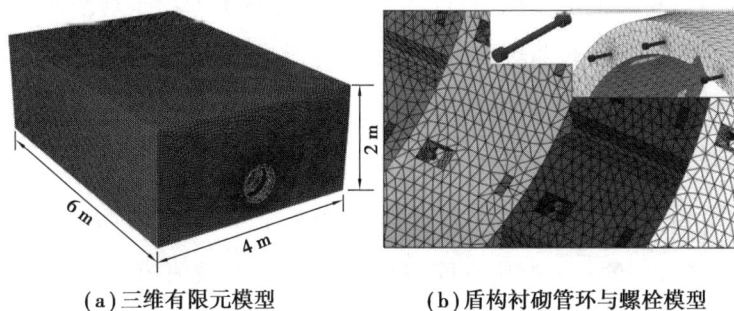

(a)三维有限元模型　　　　(b)盾构衬砌管环与螺栓模型

图 4-30　有限元模型

　　在进行动力时程分析时,需考虑结构阻尼的影响。本数值模拟在计算中采用 Rayleigh 阻尼模型,其表达式如下:

$$[C] = \alpha[M] + \beta[K] \tag{4-15}$$

式中，$[C]$、$[M]$ 和 $[K]$ 分别表示阻尼、质量和刚度矩阵；α 和 β 为待定系数。对上式进行振型正交化后可得：

$$C_n = \alpha M_n + \beta K_n \qquad (4\text{-}16)$$

此外，任意第 n 阶振型等效阻尼比的表达式为：

$$\xi_n = \frac{\alpha}{2\omega_n} + \frac{\beta\omega_n}{2} \qquad (4\text{-}17)$$

当假定模型的各阶振型阻尼比保持不变时，可以通过模型的第一阶和第二阶模态频率（ω_1 和 ω_2）得到阻尼系数 α 和 β 如下所示：

$$\begin{cases} \alpha = \dfrac{2\xi\omega_1\omega_2}{\omega_1 + \omega_2} \\[3mm] \beta = \dfrac{2\xi}{\omega_1 + \omega_2} \end{cases} \qquad (4\text{-}18)$$

4.6.2 模型试验与数值结果验证

隧道衬砌的加速度时程和频谱可以直观地反映模型结构受地震作用的动力响应。为了进行对比分析，选取正弦波工况 4，即主频为 4.7 Hz 的正弦波工况进行模型试验与数值模拟的对比分析。如图 4-31 给出了观测断面 A1 在水平 X 方向的加速度时程曲线和地震动加速度傅里叶频谱（以下简称"傅里叶频谱"）曲线。可以看出加速度振动趋势基本一致，加速度峰值也非常接近。从图 4-31(b)可以看出模型试验和数值模拟响应的主频均为 4.7 Hz，即正弦波输入频率；频谱分布及幅值均吻合较好。此外，图 4-32(a)和(b)所示为该观测断面 A1 在水平 Z 方向的动力响应，可以看出模型试验和数值模拟的时程曲线发展趋势相同。

图 4-33 和图 4-34 分别给出了观测断面 A2 在水平 X 和水平 Z 方向的动力响应。与观测断面 A1 的结果类似，模型试验和数值模拟所得到的加速度时程曲线和傅里叶频谱的分布规律一致，且傅里叶频谱的主频也一致。对比结果表明，模型试验和数值模拟的观测结果一致性较好，因此验证了振动台试验物理

模型设计的合理性。其余观测断面的数据对比类似，因此不再赘述。

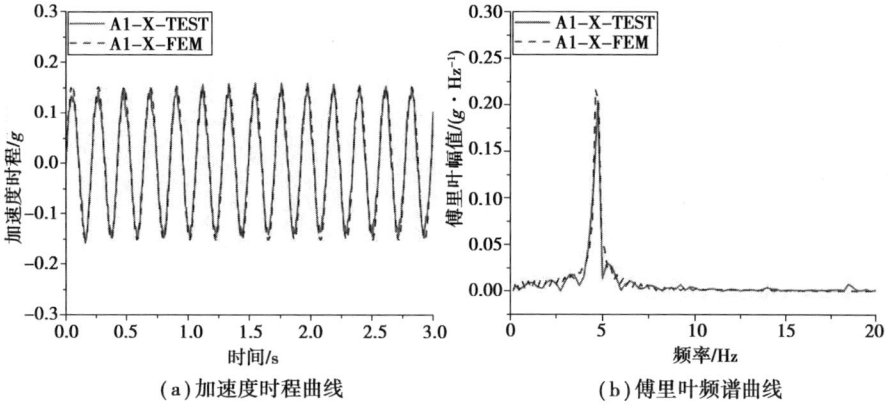

（a）加速度时程曲线　　　　　　　（b）傅里叶频谱曲线

图 4-31　观测断面 A1（盾构隧道）在水平 X 方向动力响应

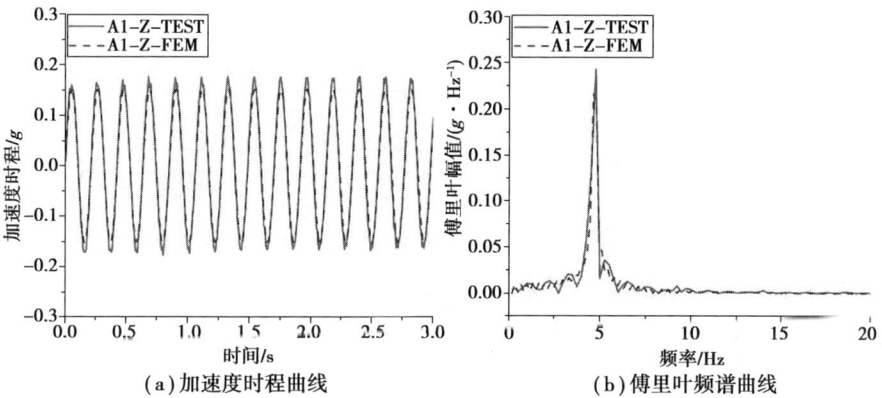

（a）加速度时程曲线　　　　　　　（b）傅里叶频谱曲线

图 4-32　观测断面 A1（盾构隧道）在水平 Z 方向动力响应

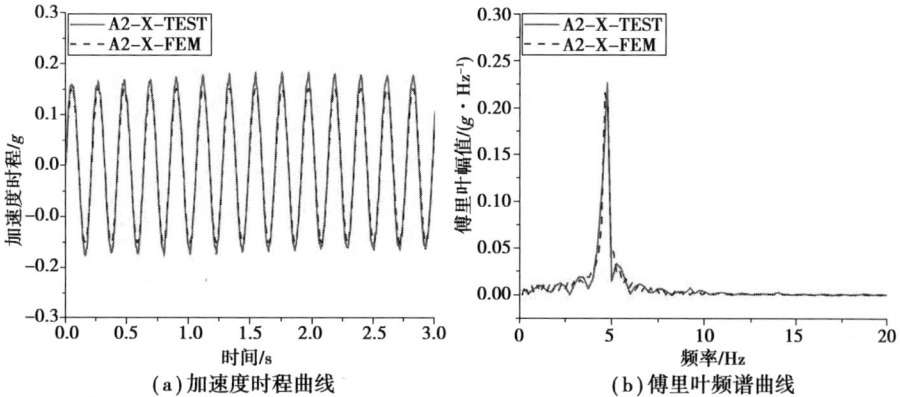

（a）加速度时程曲线　　　　　　　（b）傅里叶频谱曲线

图 4-33　观测断面 A2（内衬加强盾构段）在水平 X 方向动力响应

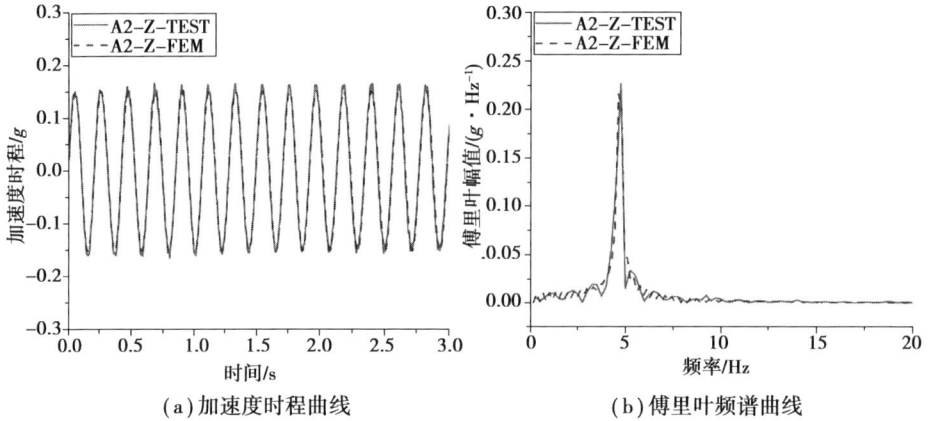

(a)加速度时程曲线　　　　　　　　　(b)傅里叶频谱曲线

图 4-34　观测断面 A2(内衬加强盾构段)在水平 Z 方向动力响应

4.7　小　结

　　本章首先详细介绍了盾构法与矿山法隧道对接区域各隧道段的结构特征,设计了振动台试验的相似关系,基于围岩—结构相对刚度比等效及盾构隧道刚度等效原则设计了盾构隧道模型、围岩模型等试验要素,并通过与数值模拟的对比,证明了振动台模型设计的可靠性。本章研究工作可总结为以下几个方面:

　　(1)以 Buckingham-π 相似定理为基础,得到了振动台试验的相似控制方程,并以此为基础推导出其他物理量的相似关系。为准确反映原型围岩与衬砌的相互作用特征,采用相对刚度比等效原则以满足隧道模型与围岩模型动力相互作用的相似关系。

　　(2)采用具备不同混合比的泡沫混凝土和聚酯纤维的均匀混合物来模拟振动台试验的混凝土衬砌和模型围岩。通过材料试验证明了该泡沫混凝土可以很好地满足混凝土和岩石的相似比要求。

　　(3)基于相似原理、横向刚度和纵向刚度等效原理,提出了盾构隧道模型的简化模拟方法。该模拟方法在缩减制作管片、拼装管片人力成本和时间成本的同时,可充分考虑管片横缝和纵缝对衬砌环和隧道整体刚度的折减,可以模拟盾构管环在地震作用下接缝张开或压缩等动力行为。

(4)模型试验工况主要考虑了不同地震动输入方向、不同地震波和不同地震动强度等因素,此外设定正弦波工况,以研究模型结构在特定频率下的动力响应特征。在试验过程中,采集了加速度、围岩—衬砌压力、衬砌应变及盾构管环接缝变形等数据。

第5章 隧道刚度变化段地震动响应特征

5.1 引 言

隧道是一种纵向尺度远大于横向尺度的线状结构物,衬砌结构形式及刚度沿纵向的变化必然导致隧道地震响应的差异性。第3章针对变刚度隧道的简化计算结果也表明衬砌结构和刚度的突变将显著增大衬砌结构的内力以及结构突变处的变形。本章将通过振动台模型试验的观测结果,对变刚度隧道各典型区段的地震响应展开分析。首先对人工波 E2 地震动(标准工况)下衬砌结构的加速度时程响应及频谱特征展开分析,探讨隧道各区段的动力放大特性;其次分析典型区段衬砌结构峰值应变在横截面内的分布特征,明确各隧道断面的受力薄弱区域,为结构抗震设计或加强提供指导;通过对围岩—结构接触压力的分析明确围岩与衬砌之间的动力传递效应;针对盾构隧道重点分析了地震作用下管片接缝的张开及压缩。此外在模型试验中分别采用不同频率的正弦波(0.5 Hz,2 Hz,3.16 Hz,4.7 Hz,6.32 Hz,10 Hz,17 Hz)激励,以研究隧道结构在特定频率动荷载作用下的动力响应。因此,本章也结合正弦波和人工波试验测试结果,通过对衬砌结构加速度响应、频谱放大及时频特性等方面的分析,揭示衬砌结构刚度变化对隧道横向及纵向地震响应的影响规律。

5.2　地震响应分析

5.2.1　衬砌加速度

本节采用人工波 E2 地震动(0.15 g)工况的试验结果,主要分析各隧道区段的基本地震动响应特征。隧道衬砌结构的加速度时程和频谱是直接反映模型结构在地震激励下的动力响应的重要分析指标。如图 5-1 所示为盾构隧道段 A1 观测断面 0°位置的加速度时程响应曲线和傅里叶频谱曲线。A1 断面在水平 X 和水平 Z 方向的加速度响应趋势相似,主要振动区间为 1.5 ~ 7.5 s;加速度响应峰值分别为 0.161 g 和 1.78 g,水平 Z 方向加速度响应相对偏大。从傅里叶频谱曲线来看,如图 5-1(b)所示衬砌在 X 和 Z 方向的响应的主要频率区间均为 0 ~ 10 Hz,主频均为 3.13 Hz;而傅里叶幅值峰值分别为 0.058 g/Hz 和 0.077 g/Hz。此外,在 27 ~ 40 Hz 范围内,结构在水平 X 方向的幅值相对水平 Z 方向大。如图 5-2 所示为盾构段 A1 观测断面 180°位置的加速度时程响应曲线和傅里叶频谱曲线。可以看出,加速度时程曲线的发展趋势和波形相似,加速度峰值分别为 0.147 g 和 0.17 g;沿隧道纵向的加速度响应相对偏大。同时,图 5-2(b)所示的傅里叶频谱曲线也表明,隧道纵向傅里叶幅值在主频区间(0 ~ 15 Hz)内比横向大,峰值分别为 0.074 g/Hz 和 0.059 g/Hz。不过,水平横向和纵向响应的主频一致,均为 3.13 Hz。

图 5-3 给出了内衬加强盾构段 A2 观测断面 0°位置的加速度时程响应和傅里叶频谱曲线。从加速度时程曲线来看,差异性较小;在水平 X 和 Z 方向的峰值分别为 2.11 g 和 1.83 g,水平 X 方向的响应相对较大。可以看出,A2 断面(有内衬)加速度响应明显大于 A1 断面(无内衬)。此外,在水平 X 和 Z 方向的傅里叶频谱分布规律相似,主频均为 3.13 Hz,幅值分别为 0.077 g/Hz 和 0.074 g/Hz。如图 5-4 所示为该观测断面 A2 在 180°位置在水平 X 和水平 Z 方向的加速度响应时

程和傅里叶频谱曲线。可以看出,加速度响应时程曲线相似,加速度峰值分别为 0.186 g 和 0.173 g;比观测断面 A1 明显增大。此外,水平 X 和 Z 方向的傅里叶频谱分布相似,峰值分别为 0.069 g/Hz 和 0.067 g/Hz,差别较小且均出现在 3.13 Hz;同时主要频率段为 10 ~ 20Hz。总体看来,A2 观测断面 180°位置在水平 X 和 Z 方向响应的差异不大。

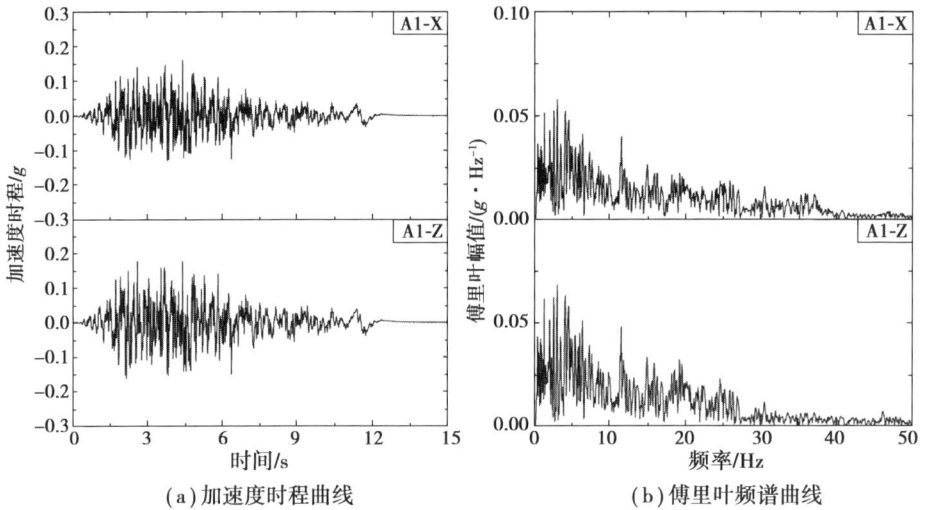

(a)加速度时程曲线 　　　　　　(b)傅里叶频谱曲线

图 5-1　A1 观测断面 0°位置的动力响应

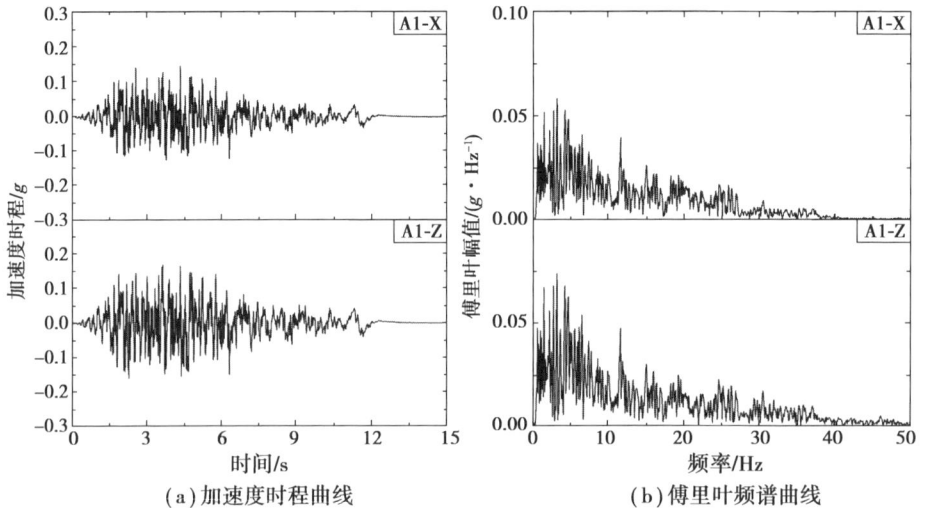

(a)加速度时程曲线 　　　　　　(b)傅里叶频谱曲线

图 5-2　A1 观测断面 180°位置的动力响应

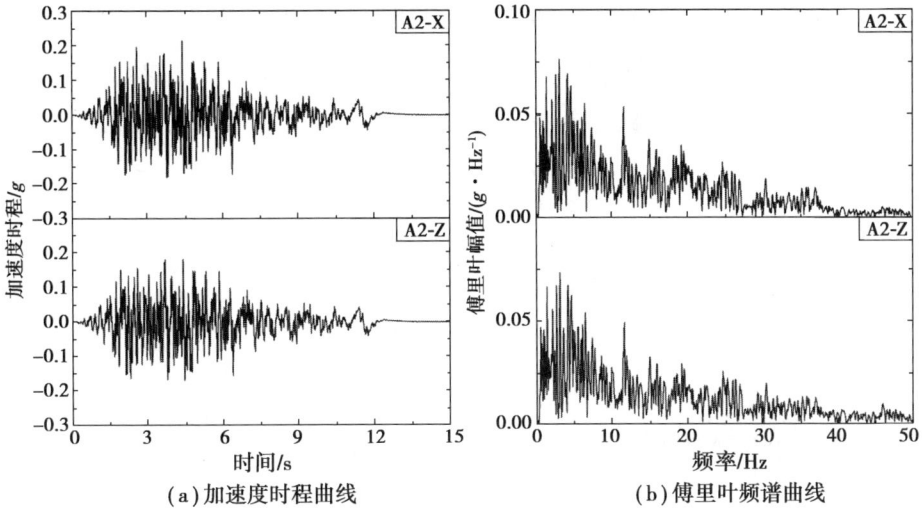

（a）加速度时程曲线　　　　　　　（b）傅里叶频谱曲线

图 5-3　A2 观测断面 0°位置的动力响应

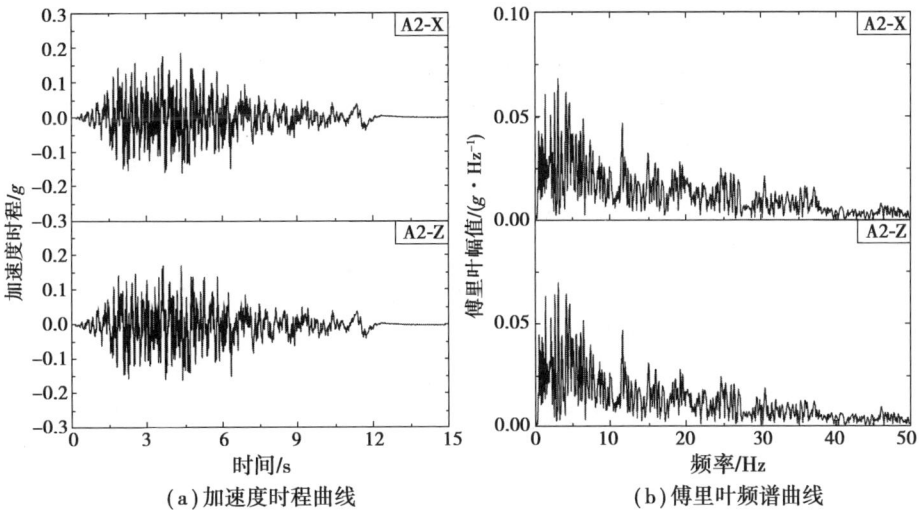

（a）加速度时程曲线　　　　　　　（b）傅里叶频谱曲线

图 5-4　A2 观测断面 180°位置的动力响应

复合衬砌对接段根据其衬砌构造特征,可以分为对接段 1 和对接段 2。图 5-5 给出了对接段 A3 观测断面 0°位置的加速度响应和傅里叶频谱。与 A1 和 A2 断面相似,衬砌结构在水平 X 和 Z 方向的加速度响应趋势相似,加速度峰值分别为 0.19 g 和 0.169 g。从傅里叶频谱分布可以看出,水平 X 和水平 Z 方向的主要频率区段的分布相似(主频均为 3.13 Hz);而水平 Z 方向的幅值比 X 方向大,分别为 0.073 g/Hz 和 0.06 g/Hz。然而,在高频区段(27 ~ 40 Hz)范围内,结构在水平 X 方向的幅值相对水平 Z 方向大。图 5-6 给出了该复合衬砌对接段 A3 观测断面 180°位置的加速度响应时程和傅里叶频谱曲线。从图上可以看出,水平 X 和 Z 方向的加速度响应相似,加速度峰值也接近,分别为 0.156 g 和 0.175 g。同时,从图 5-6(b)也可以看出,傅里叶频谱在水平 X 和水平 Z 方向的分布相似,主频区间和主频均保持一致,傅里叶幅值差别不大。

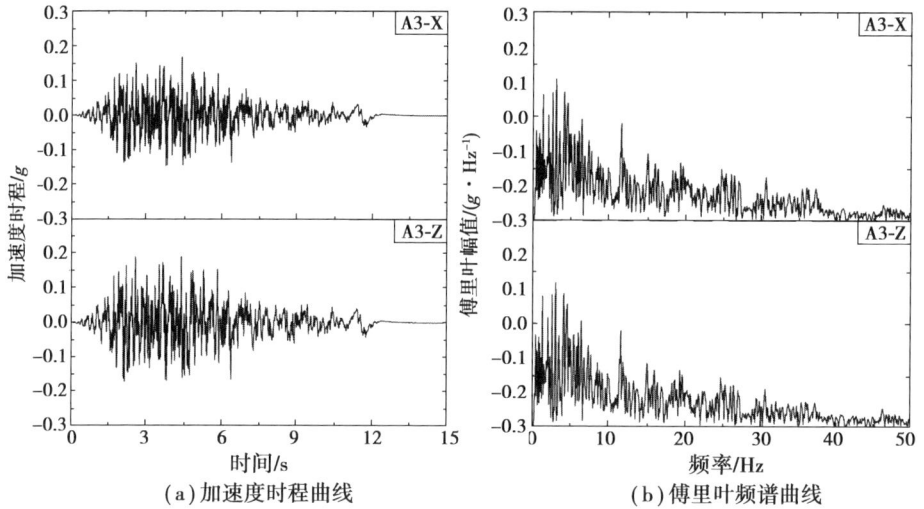

(a)加速度时程曲线   (b)傅里叶频谱曲线

图 5-5   A3 观测断面 0°位置的动力响应

对于复合衬砌对接段 2,如图 5-7 所示,在水平 X 方向,对接段 1(断面 A3)和对接段 2(断面 A4)的加速度响应十分接近。从傅里叶频谱曲线可以看出,观测断面 A4 呈现出与断面 A3 类似的分布规律,即水平 X 和 Z 方向的主要频率区段的分布相似,水平 Z 方向的傅里叶幅值比 X 方向大;在高频区段(27 ~ 40 Hz)范围内,结构在水平 X 方向的傅里叶幅值相对水平 Z 方向大。对于 A4 观测断面 180°位置的结构响应,如图 5-8 所示,衬砌结构在水平 X 和 Z 方向的加速度响应趋势相似,加速度峰值分别为 0.161 g 和 0.173 g;水平 X 方向的响应偏大,约 9.8%。从图 5-8(b)可以看出,水平 X 方向和 Z 方向的傅里叶频谱曲线的差异性主要体现在高频区间,30 ~ 40 Hz;而低频区域,两条曲线的分布相似;同时,主频一致均为 3.13 Hz,傅里叶幅值最大值分别为 0.067 *g*/Hz 和 0.065 *g*/Hz。因此,加速度峰值的差异性是由高频成分的差异引起的。

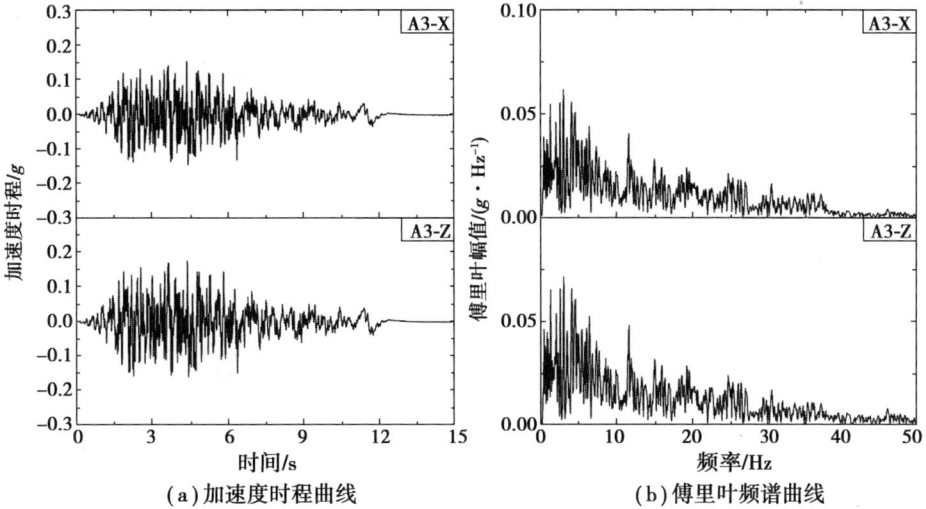

（a）加速度时程曲线　　　　　　　（b）傅里叶频谱曲线

图 5-6　A3 观测断面 180°位置的动力响应

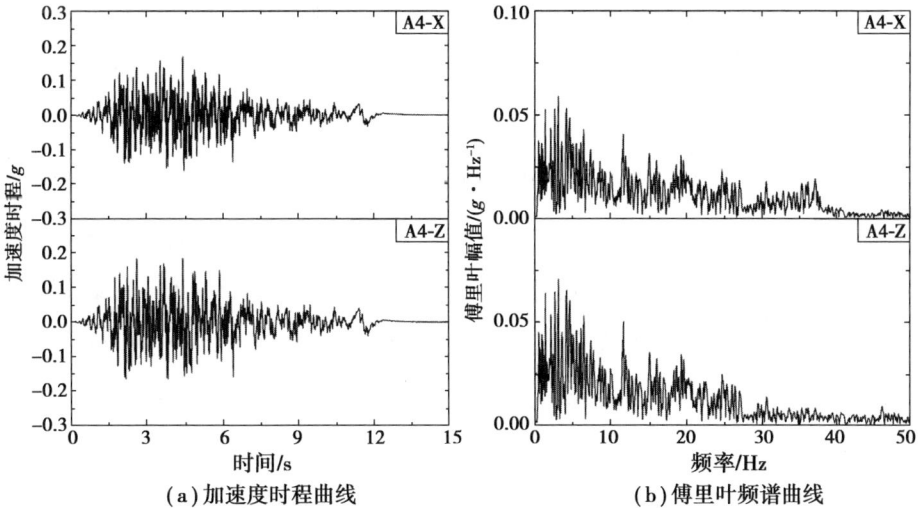

（a）加速度时程曲线　　　　　　　（b）傅里叶频谱曲线

图 5-7　A4 观测断面 0°位置的动力响应

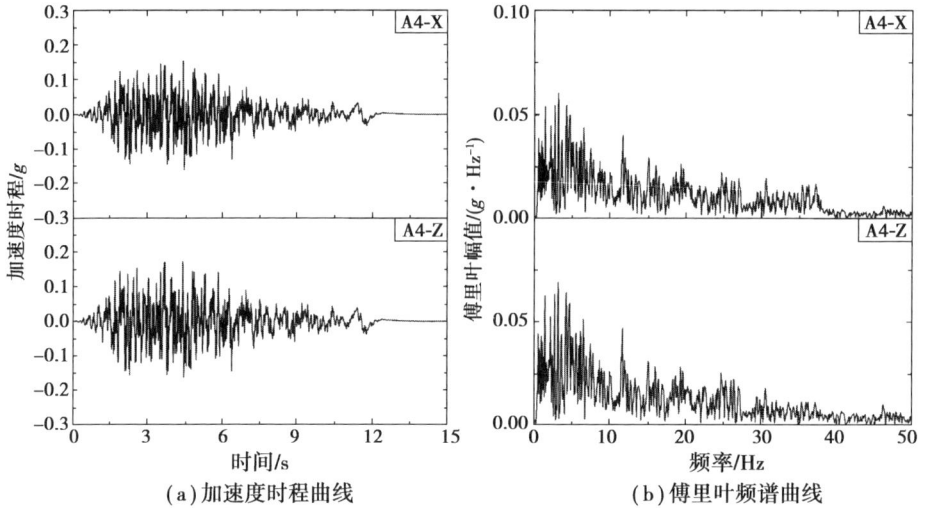

(a) 加速度时程曲线　　　　　　　(b) 傅里叶频谱曲线

图 5-8　A4 观测断面 180°位置的动力响应

最后,选取矿山段中部的 A7 观测断面进行分析,如图 5-9 所示,该观测断面在 0°位置的水平 X 和 Z 方向的加速度响应时程差异性较小,加速度峰值分别为 1.77 g 和 1.98 g;水平 Z 方向响应偏大。此外,图 5-9(b)中的频谱曲线也表明,水平 X 和 Z 方向的主要频率区段差异较小,主频保持不变(3.13 Hz),而水平 Z 方向的幅值比 X 方向大(分别为 0.073 g/Hz 和 0.061 g/Hz);在高频区段(27~40 Hz)范围内,结构在水平 X 方向的幅值相对水平 Z 方向大。如图 5-10 所示为矿山段中部的 A7 观测断面 180°位置的加速度响应时程曲线和傅里叶频谱曲线。时程曲线表明,加速度响应的振动趋势和波形差别较小,主要振动区间相同,约 1.5~9 s;而加速度峰值差别较大,水平 X 和 Z 方向分别为 0.169 g 和 0.179 g。由图 5-10(b)可以看出,在高频区段(30~50 Hz),水平 X 方向的傅里叶幅值明显偏大。与之相比,在低频区域,两个方向的频谱分布相似,主频均为 3.13 Hz,傅里叶幅值最大值分别为 0.066 g/Hz 和 0.064 g/Hz。因此,水平 X 方向的加速度偏大是高频成分的地震动导致的。

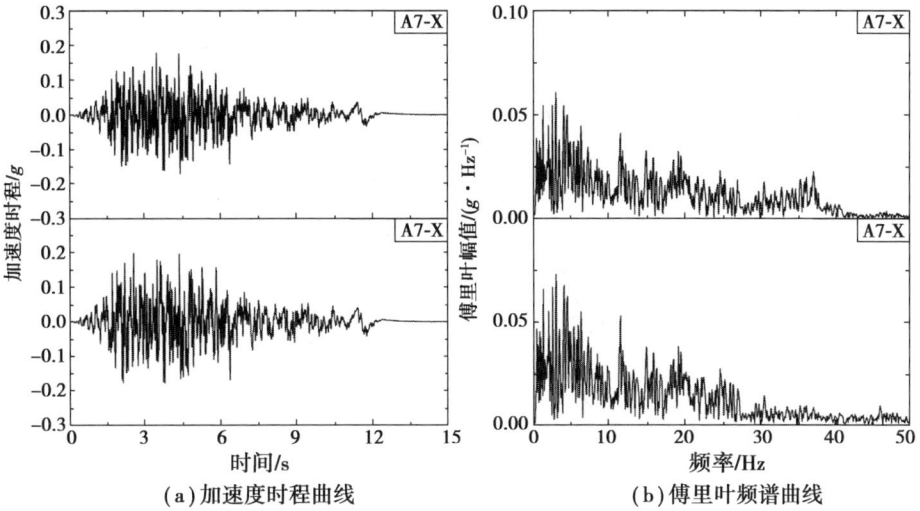

(a)加速度时程曲线　　　　　　　　(b)傅里叶频谱曲线

图 5-9　A7 观测断面 0°位置的动力响应

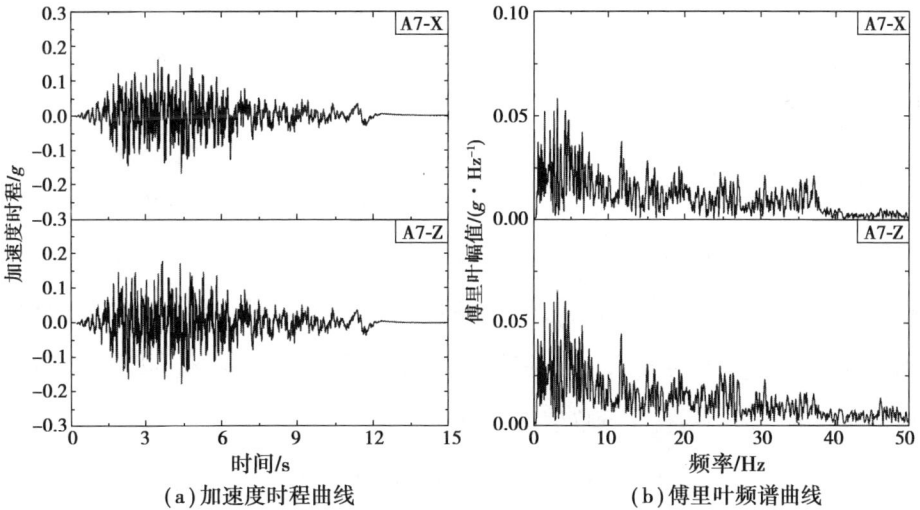

(a)加速度时程曲线　　　　　　　　(b)傅里叶频谱曲线

图 5-10　A7 观测断面 180°位置的动力响应

图 5-11 给出了以上观测断面的加速度峰值沿隧道纵向的变化曲线。可以看到,隧道横截面 0°位置处响应大于 180°位置处,其加速度峰值沿隧道纵向基本呈平行变化趋势。在水平 X 方向盾构隧道段的加速度较小,而内衬加强盾构段的加速度迅速增大,峰值增加约 17.7;A3 和 A4 在水平 X 方向的加速度峰值小于 A2 断面,不过均大于 A1 断面。然而,在水平 Z 方向各观测断面的加速度

响应峰值差别不大。

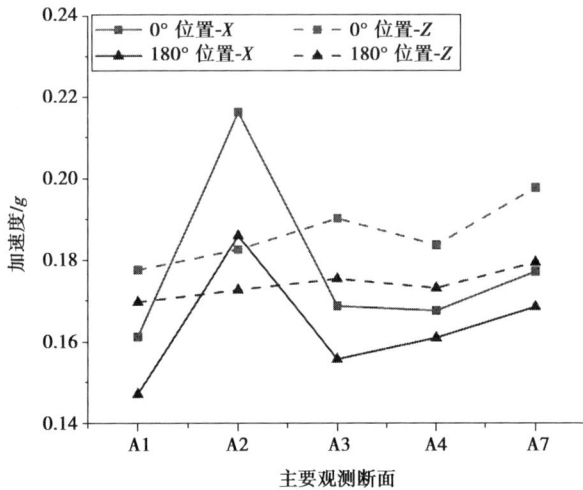

图 5-11　各观测断面在 X 和 Z 方向加速度峰值

5.2.2　衬砌应变

衬砌结构的应变可以直观反映结构局部的变形状态,同时也可以进一步定性评价该区域结构的受力状态。隧道衬砌主要由现浇混凝土或预制混凝土管片拼装而成,而混凝土材料的抗压性能明显高于抗拉性能。同时,针对隧道衬砌震害的调研表明:混凝土衬砌的破坏多表现为受拉开裂破坏。因此,本章主要选取衬砌结构的受拉应变峰值进行分析。

如图 5-12 所示为盾构隧道衬砌观测断面 S1 在人工波作用下的拉应变峰值。可以看出,衬砌结构的最大拉应变出现在横截面 180°位置,为 19.15$\mu\varepsilon$;其次,衬砌结构在 0°处的拉应变也较大,为 15.19$\mu\varepsilon$。与之相比,衬砌 45°位置、90°位置和 135°位置处的拉应变峰值明显偏小;最小值出现在 90°位置处。

对于靠近内衬加强段的盾构隧道衬砌断面 S2,衬砌的拉应变峰值分布规律呈现出较大的不同。如图 5-13 所示,最大拉应变出现在 90°位置处,而峰值仅为 12.11$\mu\varepsilon$;与观测断面 S1 相比,拉应变峰值明显减小。同时,拉应变最小值出现在 90°位置和 45°位置,峰值差别不大。以上结果表明,在接近内衬加强的区段,盾构隧道衬砌的拉应变分布出现明显的不同,同时拉应变峰值也有较大幅度的减小。

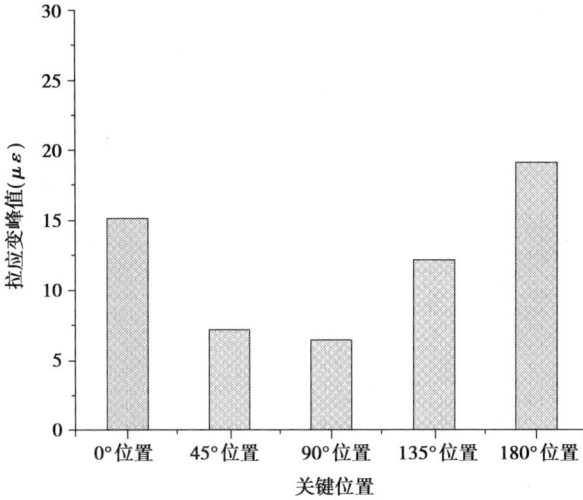

图 5-12 盾构隧道衬砌观测断面 S1 拉应变峰值

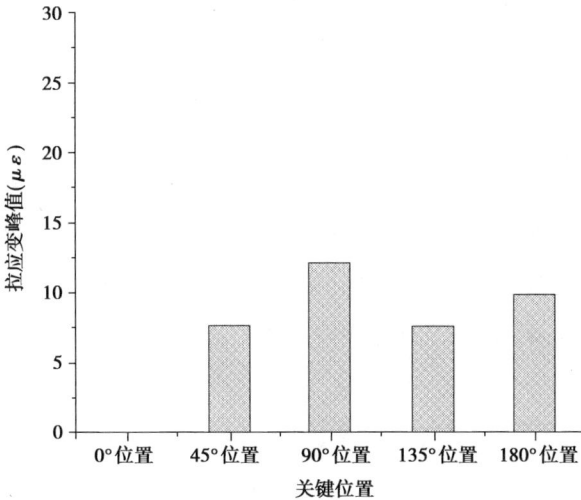

图 5-13 靠近内衬处盾构隧道衬砌断面 S2 拉应变峰值

对于内衬加强的盾构隧道观测断面 S3,该断面正好处于盾构隧道与内衬加强段的交接位置。如图 5-14 所示,与盾构管片衬砌相比,内衬的拉应变增大明显;最大拉应变出现在 45° 位置,峰值为 37. 91$\mu\varepsilon$。其次,90° 位置和 180° 位置处的拉应变也较大;拉应变最小值出现在 0° 位置和 135° 位置处。通过以上结果的分析,可以看出内衬对于盾构管片衬砌的变形限制作用明显;与 S2 断面相比,内衬断面 S3 承担了较多的地震荷载。

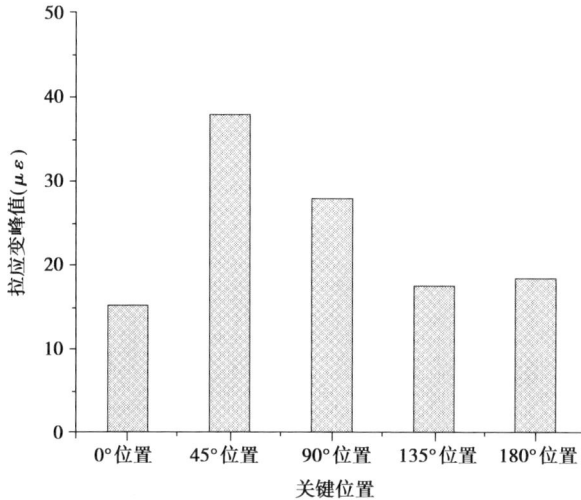

图 5-14　内衬加强盾构段观测断面 S3 的拉应变峰值

观测断面 S4 位于内衬加强盾构段中部区域。如图 5-15 所示,总体看来,与观测断面 S3 相比,内衬的拉应变相对较小。最大拉应变出现在 0° 位置和 90° 位置处。其次,180° 位置和 135° 位置拉应变较小;最小拉应变出现在 45° 位置处。值得注意的是,该观测断面各关键位置的拉应变差别不大。此外,在模型试验和实际工程中该区域内衬(即图 4-9 中 BC 段和 CD 段内衬)均采用整体现浇的方式进行修建;同时,复合衬砌对接段结构的刚度较大,因此,衬砌结构的应变相对较小。

观测断面 S5 位于复合衬砌对接段的中部区域。如图 5-16 所示为该断面各关键点的拉应变峰值;可以看出最大拉应变出现在 180° 位置处,该峰值为 16. 1$\mu\varepsilon$。其次,45° 位置和 0° 位置处的拉应变相差不大,分别为 14. 22$\mu\varepsilon$ 和 13. 89$\mu\varepsilon$。最小拉应变出现在 90° 位置。总体看来,该断面各关键点之间的拉应变峰值相差不大。

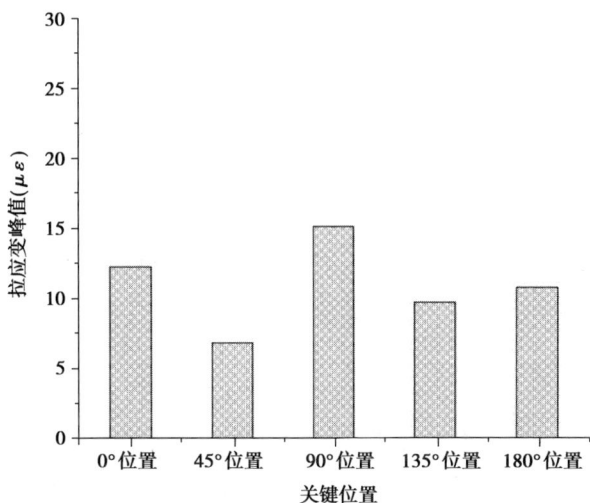

图 5-15　内衬加强盾构段观测断面 S4 拉应变峰值

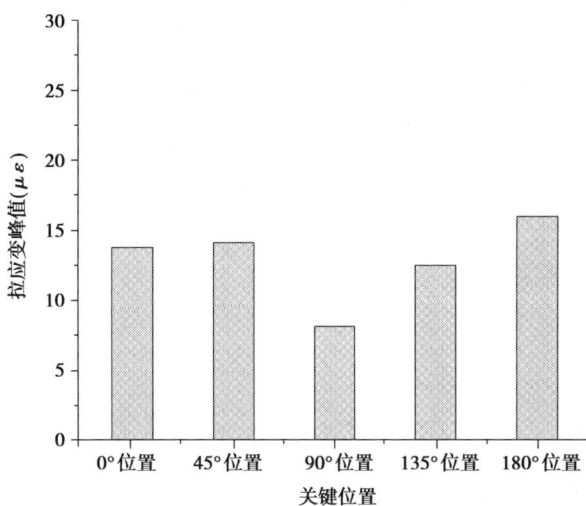

图 5-16　复合衬砌段中部观测断面 S5 拉应变峰值

　　观测断面 S6 位于靠近矿山法隧道的复合衬砌对接段右侧端部。如图 5-17 所示，由于 0°位置测点在试验中被破坏，因此未能观测到有效数据。对于其他 4 个关键测点，最大值出现在 45°位置处，峰值为 17.58$\mu\varepsilon$；最小拉应变出现在 90°位置。通过图 5-16 和图 5-17 可以看出，与盾构管片衬砌区段相比，复合衬砌对接段内衬内表面的应变分布相对平均，最大峰值应变和最小峰值应变的差异相对较小。

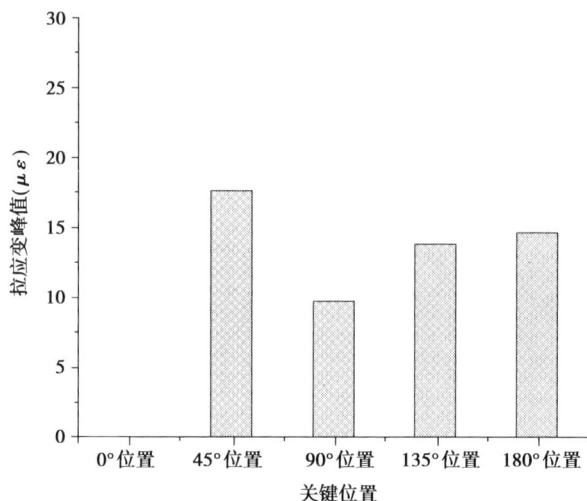

图 5-17　复合衬砌右侧端部观测断面 S6 拉应变峰值

对于矿山法隧道普通观测断面 S7,各关键点的拉应变峰值如图 5-18 所示。最大峰值拉应变出现在 0°位置,其最大值为 14.4$\mu\varepsilon$;其次,45°位置的峰值拉应变为 12.1$\mu\varepsilon$;最小拉应变出现在 90°位置和 135°位置。同样,180°位置处的测点在试验过程中失效破坏,未能观测到有效数据。

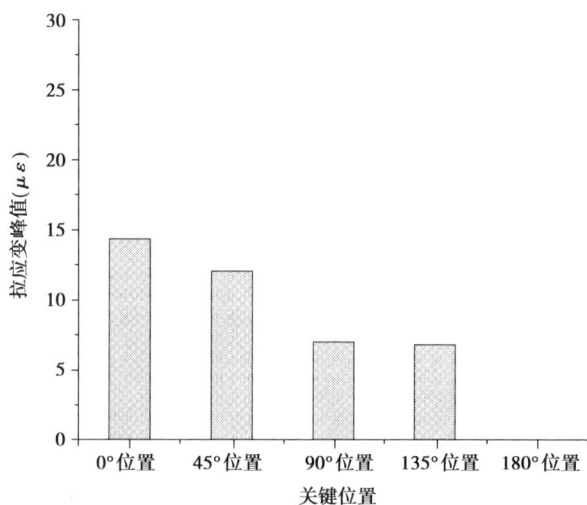

图 5-18　矿山段隧道衬砌中部观测断面 S7 拉应变峰值

5.2.3　围岩—衬砌压力

在进行隧道结构的受力及破坏机理分析时,应重点分析围岩与隧道结构之间的相互动压力。隧道结构与围岩直接的接触压力,在不同位置的差异性较大。因此,首先分析各观测断面不同关键点的接触压力的分布特性。此外,由于试验中只考虑水平方向的地震动激励,没有竖直方向的地震动分量;同时在隧道底部布置压力传感器的难度较大,因此没有在180°处布置围岩压力计。

如图 5-19 所示为盾构隧道中部观测断面 P1 在各关键点的围岩压力峰值。可以看出,最大围岩压力出现在 0°位置,峰值为 2.54 kPa。其次,45°位置和135°位置的围岩压力也较大,峰值分别为 1.88 kPa 和 1.75 kPa。围岩压力最小值出现在 90°位置,在地震动时程中的峰值为 1.03 kPa。该围岩压力分布模式与相应位置应变观测断面 S1 的峰值应变分布类似,即该盾构隧道断面在 0°位置、180°位置和135°位置等区域受力较大。

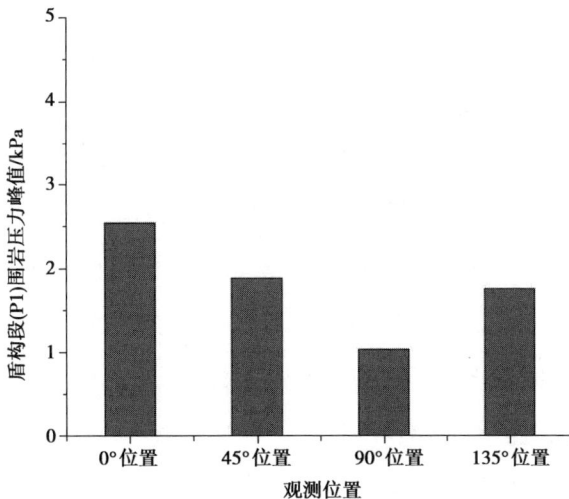

图 5-19　盾构隧道段 P1 断面关键点围岩压力峰值

如图 5-20 为观测断面 P2 各关键点在地震动作用下的动压力峰值分布图,即内衬加强盾构段。可以看出,与 P1 断面相比,围岩—结构相互作用力也有所增加,如90°位置处接触压力增加至约4.43 kPa。其次,0°位置处的围岩压力也较大,为4.11 kPa。45°位置和135°位置处围岩压力峰值相对较小。此外,与断面P1相比,内衬加强盾构隧道的围岩压力分布发生了变化:0°位置和90°位置最大。

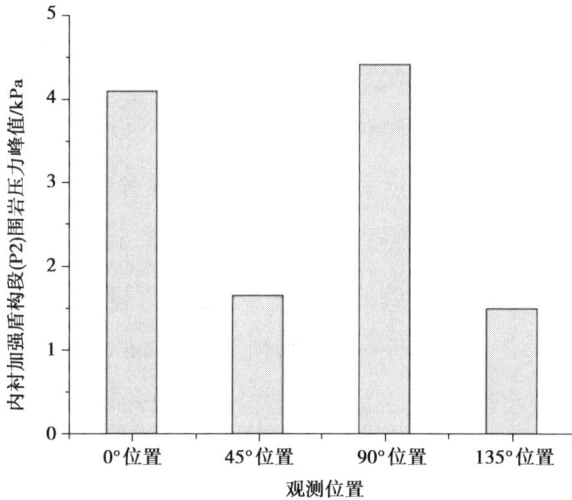

图5-20 内衬加强盾构隧道段P2断面关键点围岩压力峰值

对于复合衬砌对接段左段观测断面P3,如图5-21所示,围岩压力峰值分布规律与观测断面P2相似,即0°位置和90°位置处峰值围岩压力比45°位置和135°位置大。90°位置处峰值围岩压力为3.95 kPa;与之近似,0°位置处峰值围岩压力为3.65 kPa。与P2观测断面相比,P3断面45°位置和135°位置处围岩压力增大较明显,分别为2.94 kPa和2.75 kPa。如图5-22所示为复合衬砌对接段右段观测断面P4各关键测点的衬砌—围岩压力峰值。最大围岩压力出现在90°位置,峰值为3.93 kPa。其次,135°位置处围岩压力为3.47 kPa,45°位置处的围岩压力峰值为3.13 kPa;0°位置处的峰值围岩压力最小。与盾构隧道区段围岩压力相比,复合衬砌对接段观测断面P3和P4各关键点的峰值围岩压力差别相对较小,即围岩压力沿隧道衬砌环向的分布更加"平均"。

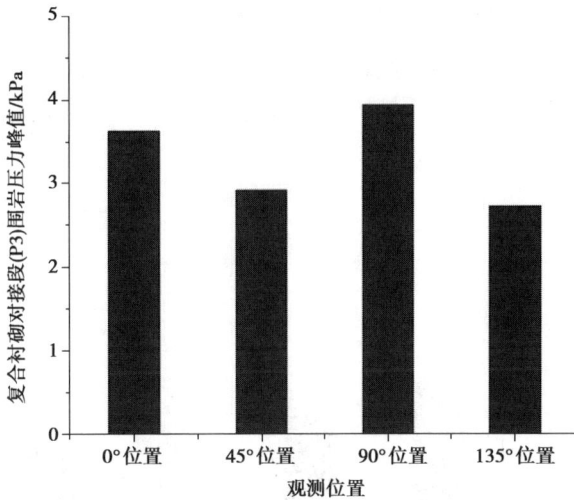

图 5-21 复合衬砌对接段 P3 断面关键点围岩压力峰值

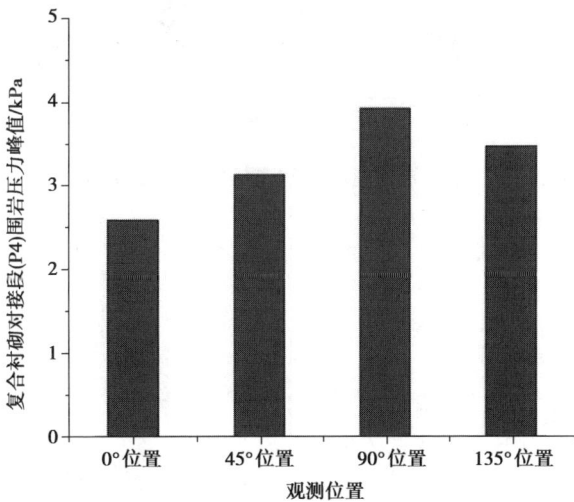

图 5-22 复合衬砌对接段中部 P4 断面关键点围岩压力峰值

如图 5-23 所示为矿山法隧道左端观测断面 P5 各关键点的围岩压力峰值。可以看出,最大峰值围岩压力出现在 0°位置,最大值为 3.24 kPa。其次,45°位置、90°位置和 135°位置的围岩压力差别不大,出现在 135°位置的最小峰值围岩压力为 2.51 kPa。最后,如图 5-24 所示为矿山法隧道中部观测断面 P6 各关键点的围岩压力峰值。与观测断面 P5 相比,矿山法隧道中部的围岩压力分布发生变化,最大值出现在 45°位置,峰值围岩压力为 3.46 kPa。此外,0°位置处围岩压力也较大,峰值为 2.85 kPa。其次,135°位置和 90°位置处围岩压力的差别较小,约为 2.1 kPa。

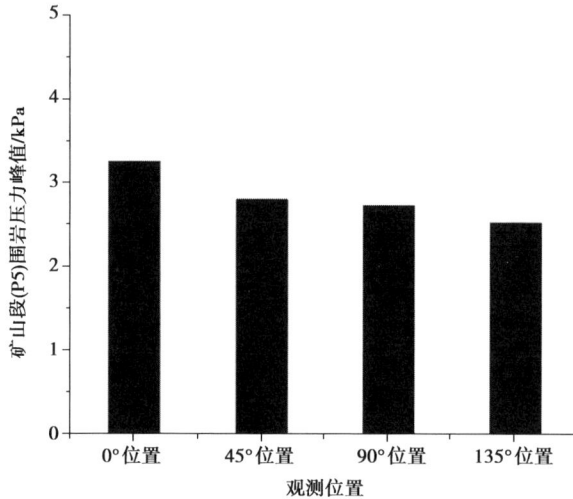

图 5-23 矿山法隧道左端 P5 断面关键点围岩压力峰值

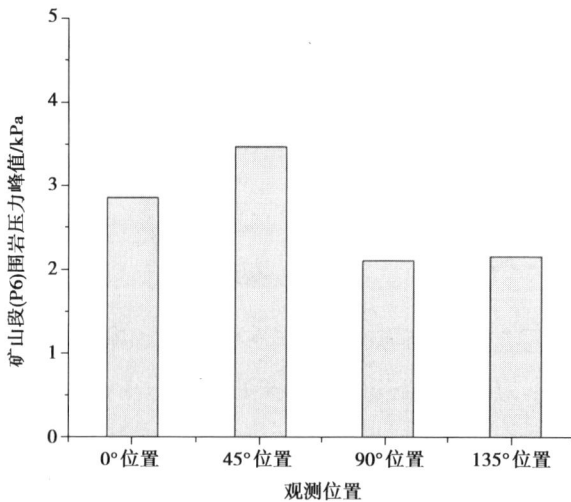

图 5-24 矿山法隧道中部 P6 断面关键点围岩压力峰值

5.2.4　盾构管片接缝变形

盾构隧道衬砌由离散的预制混凝土管片拼接而成,沿隧道轴线和衬砌环向均为非均质不连续结构。在地震作用下,螺栓连接处往往是隧道衬砌的薄弱区域。衬砌环之间的接缝变形,对隧道衬砌的整体抗震极为不利。如果衬砌管片接缝的张开位移过大,将导致管片发生刚体转动、渗水等病害。因此,有必要分析盾构隧道管片在地震作用下的管环接缝变形。

如图 5-25 所示为盾构管片隧道左端第一个观测断面 D1 各关键点的接缝变形量峰值。可以看出,最大接缝位移出现在 180°位置,峰值张开量为 0.037 mm。其次,0°位置和 135°位置处的管片接缝张开量也较大,分别为 0.033 mm 和 0.031 mm。最小管片接缝张开位移出现在 90°位置。同时可以看到接缝张开量和压缩量基本呈对称分布,表明隧道在 E2 地震动作用下管环结构没有产生永久位移。图 5-26 给出了盾构隧道管片接缝观测断面 D2 各关键点的接缝变形峰值位移。可以看到,最大管片张开位移和压缩位移出现在 0°位置,张开量峰值为 0.035 mm;其次,180°位置处的位移张开量也较大,峰值为 0.029 mm。与观测断面 D1 类似,90°位置和 135°位置处的管片接缝张开量相对较小。对于盾构隧道管片接缝观测断面 D3,如图 5-27 所示,接缝张开量与压缩量基本对称分布。最大的管片接缝张开位移出现在 180°位置,峰值为 0.038 mm。其次,45°位置处的管片接缝位移峰值为 0.028 mm;90°位置和 0°位置处的管片接缝张开位移相对偏小,其峰值分别为 0.023 mm 和 0.019 mm。与观测断面 D1 和 D2 相比,D3 断面的峰值位移分布发生改变,0°位置处接缝位移变形相对较小。此外,135°位置处电感式位移计在试验中被破坏,无有效数据。如图 5-28 所示为盾构隧道管片与内衬相接区域观测断面 D4 的接缝变形峰值。可以看出与上述 3 个断面相比,D4 断面各关键点的位移峰值增大明显,最大峰值位移出现在 180°位置处,峰值张开量为 0.062 mm。其次,135°位置处盾构管片接缝张开位移也较大,峰值为 0.053 mm。相比之下,90°位置处的峰值位移张开量较小,为

0.038 mm。以上测试数据表明,内衬加强盾构隧道所引起的结构形式突变和刚度变化对相接区域盾构管片的接缝张开影响较大,管片接缝位移明显增大。

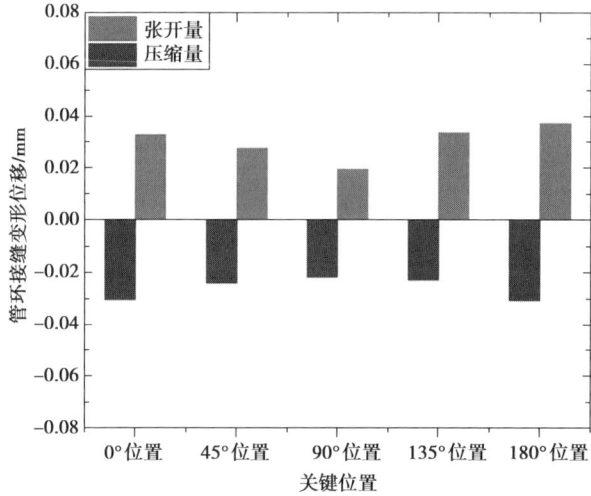

图 5-25　观测断面 D1 接缝变形位移

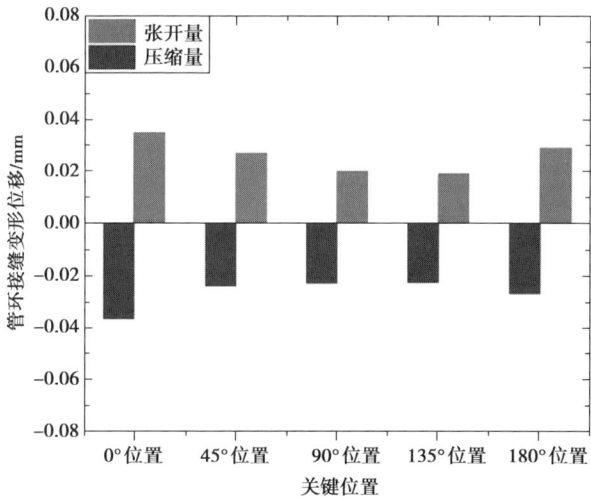

图 5-26　观测断面 D2 接缝变形位移

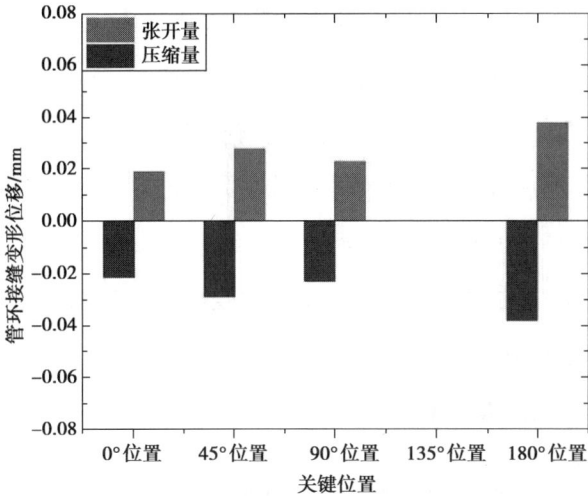

图 5-27　观测断面 D3 接缝变形位移

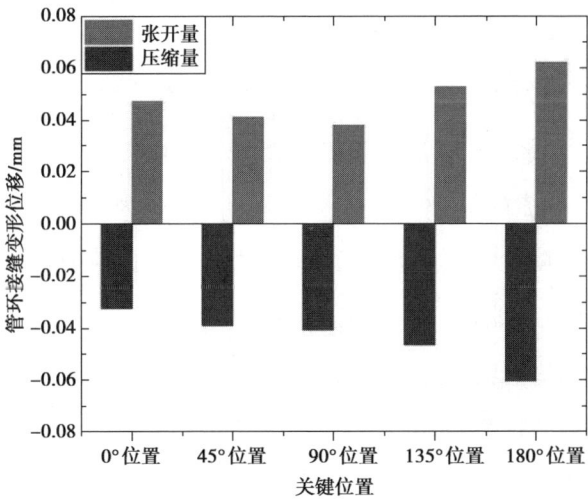

图 5-28　观测断面 D4 接缝张开峰值位移

5.3　刚度变化对隧道结构响应的影响

在 5.2 节中,总体分析了人工波在基本设防地震动作用下各隧道区段关键测点加速度、衬砌应变、围岩—衬砌压力及盾构隧道管片接缝变形等。研究结果表明,各区段隧道结构的地震响应差异明显,隧道结构沿纵向的刚度变化和衬砌结构形式的变化对隧道结构动力响应的影响较大。因此,有必要进一步研究隧道结构刚度变化对衬砌动力响应的影响规律。然而,人工波含有从低频到高频较丰富的频谱成分,在进行数据分析时受不同频率成分影响的因素较多。正弦波工况具有单一的频率,结构动力响应结果更加清晰简洁,更有利于分析衬砌刚度变化对衬砌加速度响应特征的作用规律。因此,本节主要分析正弦波工况中各典型观测断面 0° 位置在水平 X 方向(隧道横向)和水平 Z 方向(隧道纵向)的加速度时程响应和相应的频谱。

5.3.1 刚度变化对隧道横向地震响应的影响

1)正弦波工况

本书振动台模型试验中所完成的正弦波工况有 7 个,工况详情如表 5-1 所示。人工波和天然波的频谱成分非常丰富,在地震动过程中各频率段的响应受结构自振频率等因素的影响;因为设置正弦波工况是为了进行单一频率下的动力响应模拟,分析隧道结构在特定频率动荷载作用下的响应特征。正弦波主频的确定是根据隧址场地人工波的频谱特征及主频区段,人工波的主要频率段是 0.316 ~ 17.4 Hz,因此输入正弦波的频率集中在该区段;例如 2 Hz,3.16 Hz 及 4.7 Hz 所对应的人工波幅值较大。在进行结果分析时主要选取以下观测断面:A1(盾构段)、A2(内衬加强盾构段)、A3(复合衬砌对接段 1)、A4(复合衬砌对接段 2)以及 A7(矿山段)。

如图 5-29(a)和(b)所示分别为正弦波工况 1,即主频 0.5 Hz 正弦波作用下各观测断面 0° 位置在水平 X 方向的加速度时程和频谱曲线。由图 5-29(a)可以看出,各观测断面基本上保持为正弦波动的发展趋势,加速度峰值差别很小。加速度最大值出现在观测断面 A2 和 A3,分别为 0.191 g 和 0.188 g。同时图 5-29(b)的傅里叶频谱曲线也表明,各观测断面衬砌结构响应的主频与输入地震动主频一致,即 0.5 Hz。然而,观测断面 A1 和 A7 的时程曲线相对粗糙,尤其是在峰值区域受其他频率成分的干扰较大。为便于分析各观测断面动力响应的高频成分,将图 5-29(b)中的高频成分进行放大显示,如图 5-30 所示。可以看出,观测断面 A1,A2 和 A7 的高频成分更加丰富,幅值偏大。因此,A1-X,A7-X 和 A2-X 时程曲线在峰值区域出现更多毛刺。

表 5-1　正弦波试验工况表

序号	工况编号	地震波类型	激励方向	峰值加速度	主频/Hz
1	S1	正弦波 1	XZ		0.5
2	S2	正弦波 2	XZ		2
3	S3	正弦波 3	XZ		3.16
4	S4	正弦波 4	XZ	$0.15g$	4.7
5	S5	正弦波 5	XZ		6.32
6	S6	正弦波 6	XZ		10
7	S7	正弦波 7	XZ		17

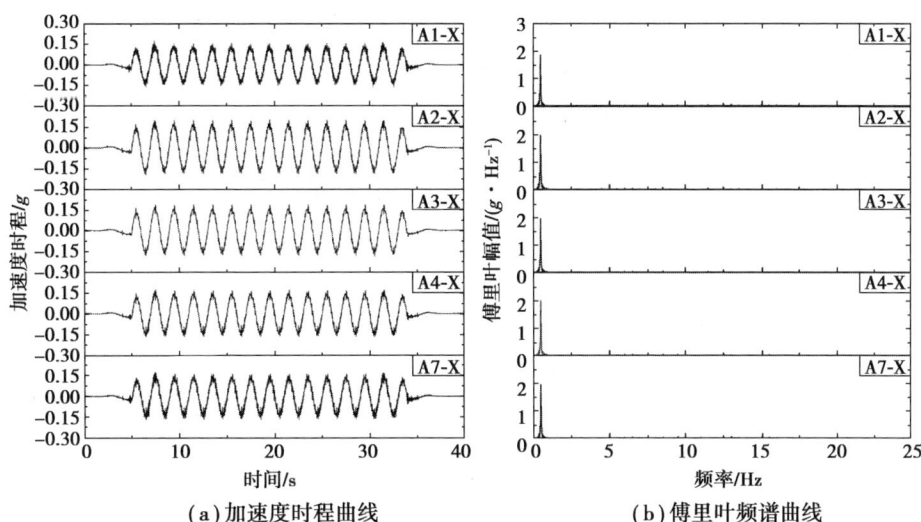

(a) 加速度时程曲线　　　　(b) 傅里叶频谱曲线

图 5-29　正弦波工况 1(0.5 Hz)典型断面 0°位置在水平 X 方向的动力响应

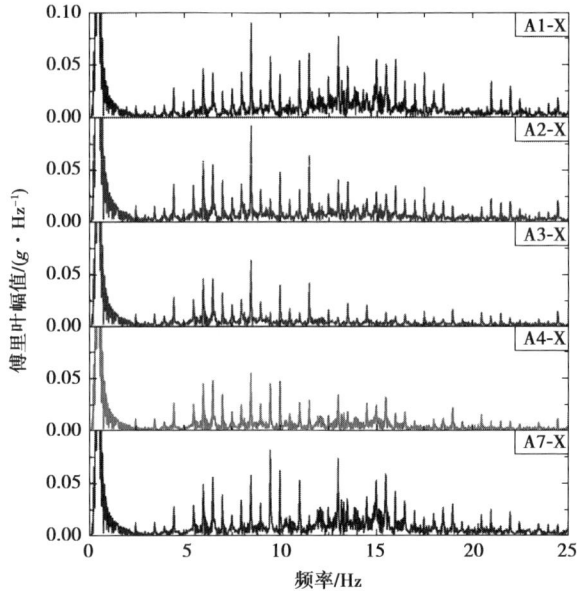

图 5-30　正弦工况 1 高频区域傅里叶频谱曲线放大显示图

　　如图 5-31(a)和(b)所示分别为正弦波工况 2(主频 2 Hz 正弦波)中各观测断面 0°位置的加速度时程曲线和傅里叶频谱曲线。可以看出,各观测断面基本上保持为正弦波动的发展趋势,加速度峰值差别不大,只有 A1 断面的加速度峰值相对偏小。同时,各观测断面衬砌结构响应的主频与输入地震动主频一致,即 2 Hz。与正弦波工况 1 相比,工况 2 中加速度时程曲线相对更加光滑。同理,将高频傅里叶频谱曲线放大,如图 5-32 所示;图示表明在 2 Hz 正弦波作用下各区段隧道结构响应基本相同,即结构刚度和形式的变化影响不大。

　　如图 5-33(a)和(b)所示分别为正弦波工况 3(主频 3.16 Hz 正弦波)中各观测断面 0°位置的加速度时程曲线和傅里叶频谱曲线。可以看出,各观测断面基本上保持为正弦波动的发展趋势,除 A1 观测断面外,其他观测断面的加速度峰值差别不大;各观测断面衬砌结构响应的主频与输入地震动主频一致。同时,与正弦波工况 2 相似,图 5-34 中的频谱高频成分的分布和幅值也表明,各区段隧道结构的响应差异较小。

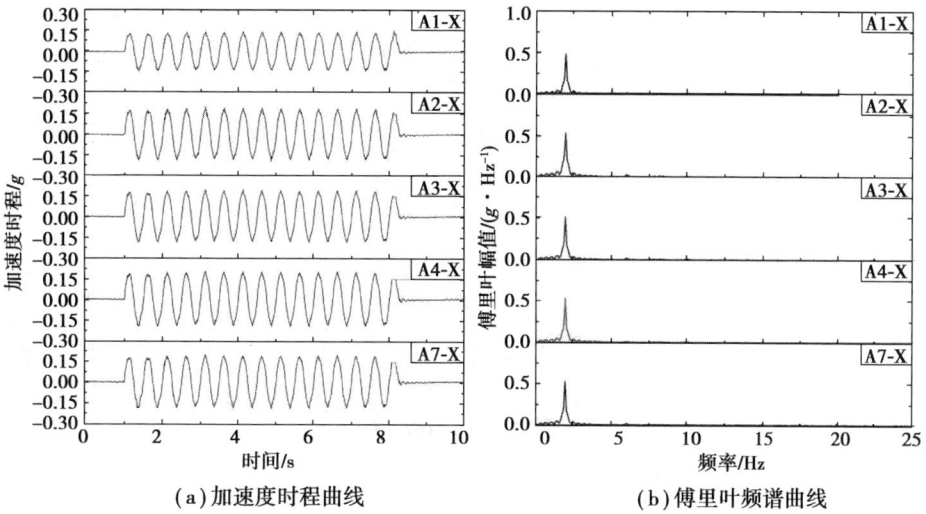

（a）加速度时程曲线　　　　　（b）傅里叶频谱曲线

图 5-31　正弦波工况 2(2 Hz) 典型断面 0° 位置在水平 X 方向的动力响应

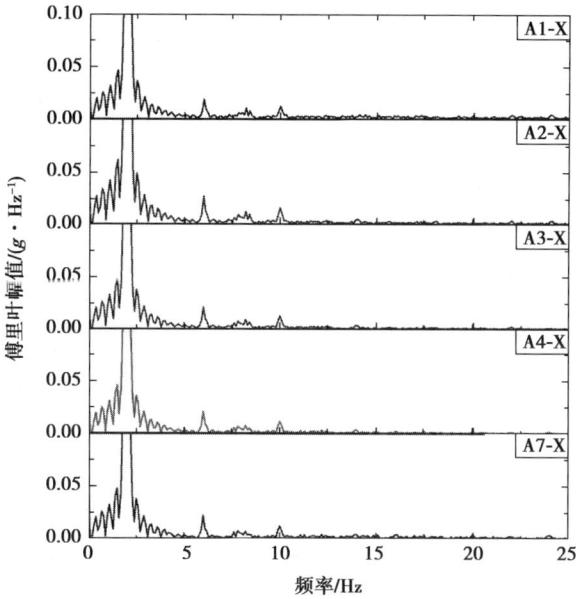

图 5-32　正弦工况 2 高频区域傅里叶频谱曲线放大显示图

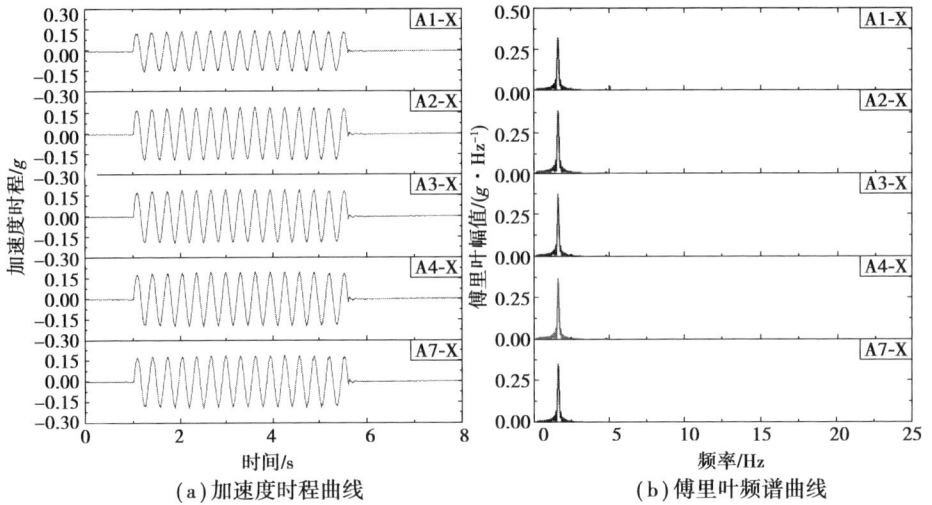

(a) 加速度时程曲线　　　　　　　　(b) 傅里叶频谱曲线

图 5-33　正弦波工况 3(3.16 Hz) 典型断面 0°位置在水平 X 方向的动力响应

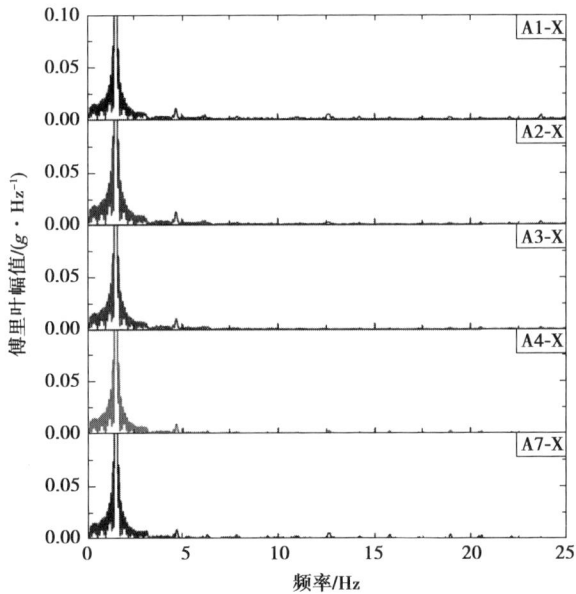

图 5-34　正弦工况 3 高频区域傅里叶频谱曲线放大显示图

如图 5-35(a) 和 (b) 所示分别为正弦波工况 4(主频 4.7 Hz 正弦波) 中各观测断面 0°位置的加速度时程曲线和傅里叶频谱曲线。可以看出,各观测断面基本上保持为正弦波动的发展趋势,观测断面 A1 的加速度峰值相对较小,为 0.
16g;其余断面加速度峰值差别不大。与上述 3 个正弦工况类似,各观测断面衬
砌结构响应的主频与输入地震动主频一致。此外,图 5-36 中的傅里叶频谱的高
频成分的分布和幅值也表明,各观测断面主频处的傅里叶幅值差别不大,然而
观测断面 A1 和 A7 出现轻微的倍频效应,如 9.4 Hz 及 18.8 Hz 处幅值相对
偏大。

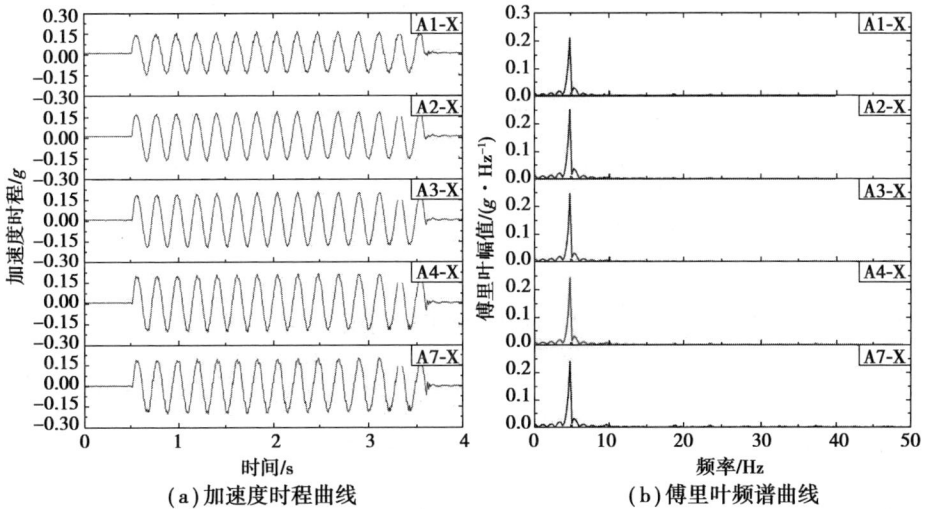

(a)加速度时程曲线　　　　　(b)傅里叶频谱曲线

图 5-35　正弦波工况 4(4.7 Hz)典型断面 0°位置在水平 X 方向的动力响应

如图 5-37(a)和(b)所示分别为正弦波工况 5(主频 6.32 Hz 正弦波)中各
观测断面 0°位置的加速度时程和傅里叶频谱曲线。图 5-37(a)表明,各观测断
面基本上保持为正弦波动的发展趋势,但是观测断面 A1 和 A7 在峰值区域出现
明显的锯齿波动。此外,对接段观测断面 A3 和 A4 以及矿山法隧道断面 A7 的
加速度峰值相对偏大。从图 5-37(b)可以看出,各观测断面动力响应的主频和
幅值差别不大。然而,通过高频放大显示图 5-38 可以看出,与正弦波工况 4 类
似,A1 和 A7 断面出现明显的倍频效应。

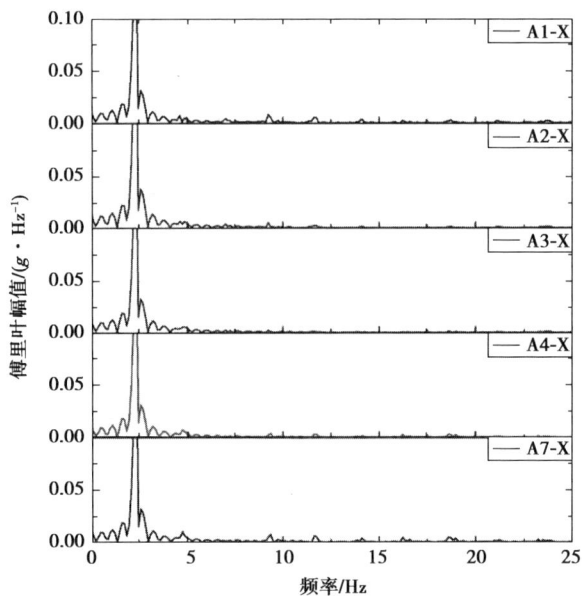

图 5-36　正弦工况 4 高频区域傅里叶频谱曲线放大显示图

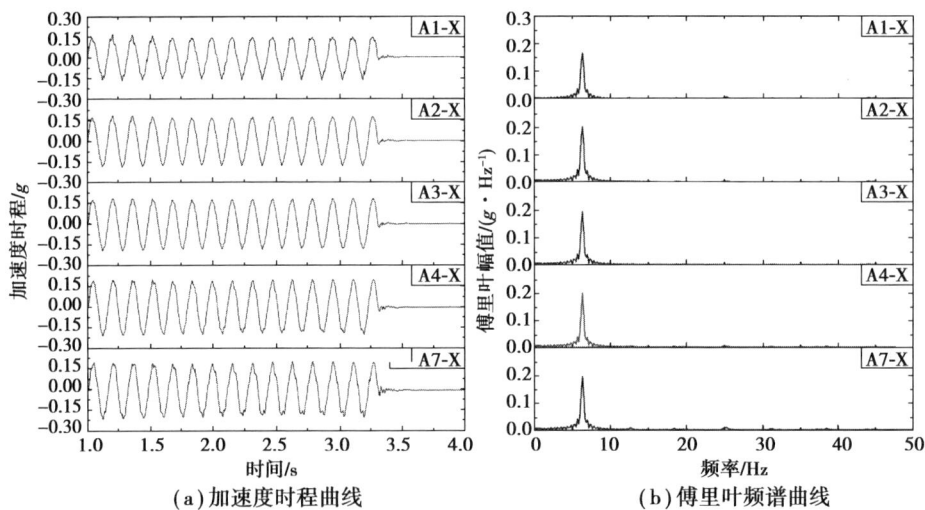

（a）加速度时程曲线　　　　　　　（b）傅里叶频谱曲线

图 5-37　正弦波工况 5(6.32 Hz)典型断面 0° 位置在水平 X 方向的动力响应

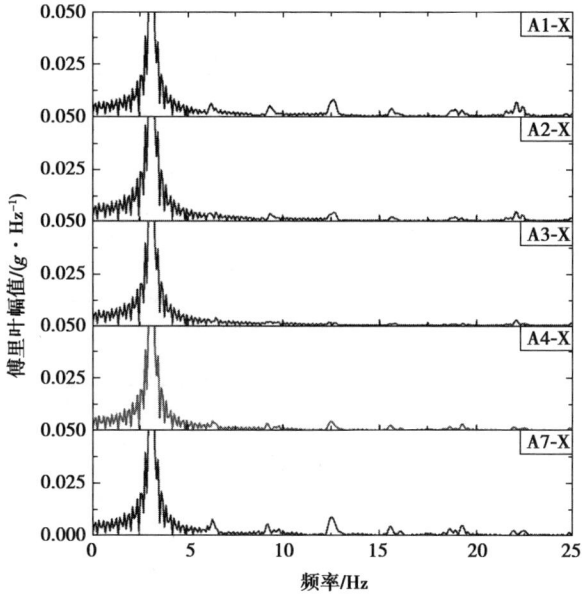

图 5-38　正弦工况 5 高频区域傅里叶频谱曲线放大显示图

　　如图 5-39(a)和(b)所示分别为正弦波工况 6(主频 10 Hz 正弦波)中各观测断面 0°位置的加速度时程曲线和傅里叶频谱曲线。可以看出,尽管各观测断面的加速度响应还保持着正弦波动的趋势,但是受高频扰动的影响,加速度时程在峰值区域出现明显的锯齿或峰尖。同时与上述 5 个正弦工况相比,各观测断面的加速度峰值增大明显,并且各观测断面加速度峰值的差异也变大,如 A2 和 A3 断面峰值分别为 0.24 g 和 0.27 g。从频谱曲线图可以看出,各观测断面的响应主频和幅值差别不大。然而,在高频区域出现的倍频效应越来越明显,如图 5-40 所示。此外,观测断面 A1 和 A7 在倍频处的幅值明显偏大;在对接段隧道中部 A3 处的倍频效应最微弱。

　　如图 5-41(a)和(b)所示分别为正弦波工况 7(主频 17 Hz 正弦波)中各观测断面 0°位置的加速度时程和频谱曲线。与正弦工况 6 类似,受高频扰动的影响,A1 和 A7 观测断面的加速度时程在峰值区域出现明显的锯齿;而其余断面加速度也出现峰尖,而不是平滑的正弦过渡。此外,5 个典型观测断面的加速度峰值也同步增大,如 A2 和 A3 断面的加速度峰值分别达到了 $0.307\ g$ 和 0.318 g。从图 5-41(b)和图 5-42 的频谱曲线可以看出,各观测断面的响应主频和幅值差别不大;然而,在高频区域出现的倍频效应越来越明显。其中观测断面 A1 和 A7 在倍频处的幅值最大;中间 3 个断面的倍频效应相对偏小。

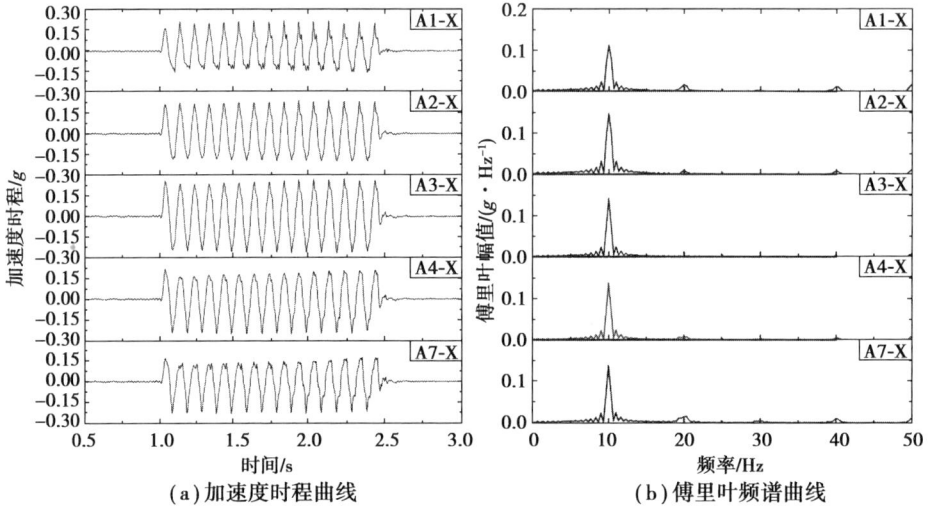

(a)加速度时程曲线　　　　　　　(b)傅里叶频谱曲线

图 5-39　正弦波工况 6(10 Hz)典型断面 0°位置在水平 X 方向的动力响应

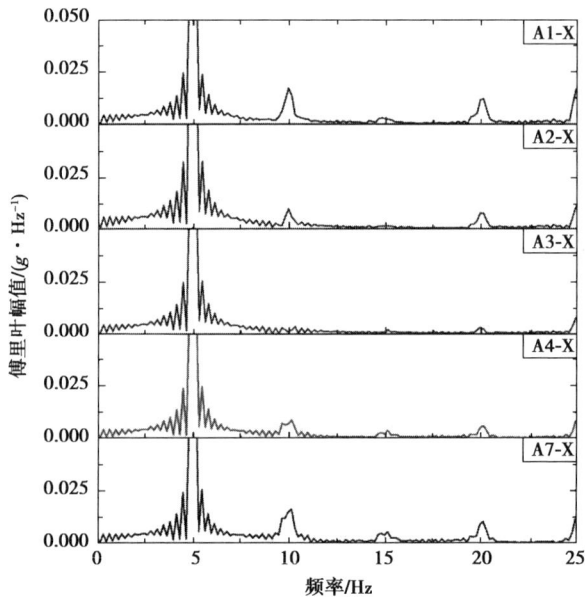

图 5-40　正弦工况 6 高频区域傅里叶频谱曲线放大显示图

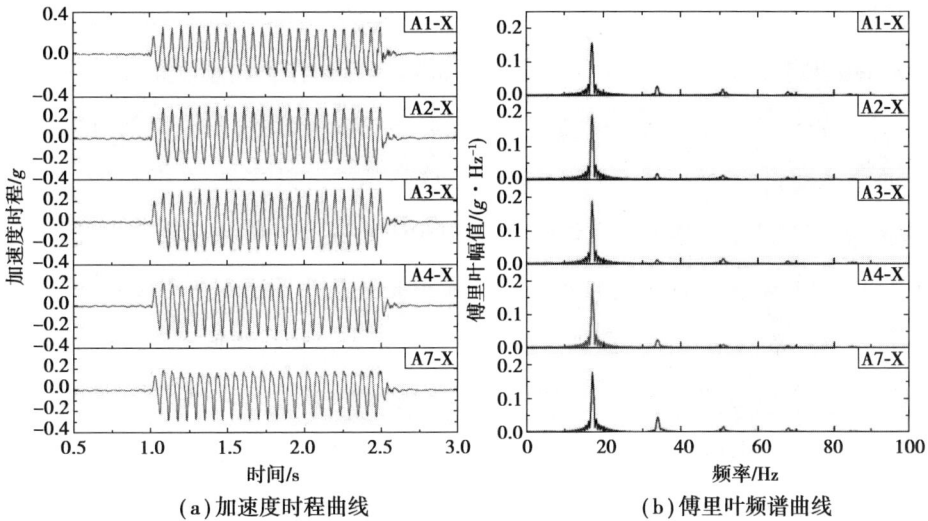

（a）加速度时程曲线　　　　（b）傅里叶频谱曲线

图 5-41　正弦波工况 7（17 Hz）典型断面 0°位置在水平 X 方向的动力响应

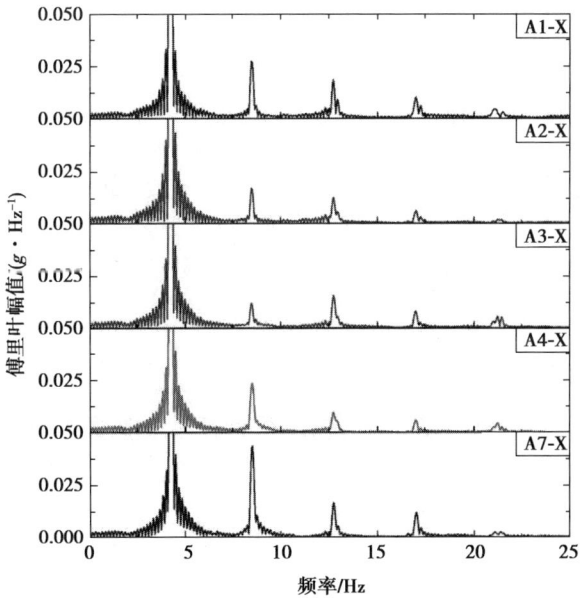

图 5-42　正弦工况 7 高频区域傅里叶频谱曲线放大显示图

上述针对不同频率正弦波工况的分析结果表明,在低频正弦波作用下（如正弦波工况 1、工况 2 和工况 3 等）,隧道各区段加速度峰值差别不大,放大效应相对较小;然而,在高频正弦波工况中,如正弦波工况 6(10 Hz)和工况 7(17 Hz),隧道响应明显增大。为了分析对接段隧道结构在不同频率正弦波作用下的响应特征,选取各工况关键测点加速度峰值的放大系数(隧道结构响应与基岩面输入地震动比值)进行讨论,如图 5-43 所示。可以看出,在低频正弦波作用下,各观测断面加速度放大效应不明显,放大系数为 1.0~1.25;其中,盾构隧道断面 A1 加速度响应相对较小。当输入正弦波频率低于 6.32 Hz 时,即正弦工况 1—工况 5,各观测断面加速度响应差别不大;然而,当输入正弦波频率达到 10 Hz 时,隧道加速度响应峰值明显增大,放大系数为 1.5~1.75。当输入正弦波频率为 17 Hz 时(正弦工况 7),结构响应的加速度放大效应进一步增大。此外,值得注意的是隧道结构刚度较大的观测断面 A2,A3 和 A4 放大效应更加明显。

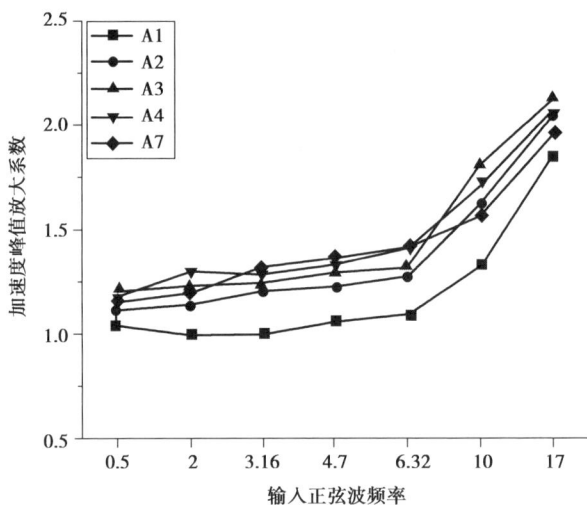

图 5-43　正弦工况加速度峰值放大系数

2)人工波工况

实际工程中,地震波从低频到高频的能量成分较复杂;有必要进一步选取人工波试验工况进行分析,研究对接段隧道各区段在整个频率范围内的响应特征。人工波本身是非平稳信号,在以往地下结构地震响应的研究中多采用加速度时程响应曲线及傅里叶频谱进行分析。在进行傅里叶频谱分析时,频谱图中只反映了地震信号各个频率成分的能量分布,反映的是信号的整体特征,而不能把地震波的频率成分和时间推移联系起来。时频分析的方法是研究处理非平稳信号的一种十分重要的工具,可以把信号中所表示的能量表达为时频二维平面上的联合分布。因此,本书在分析对比输入地震动频谱与结构响应频谱的基础上,进一步采用短时傅里叶变换的方法进行时频分析,以研究结构地震动响应的频谱在时间上的变化。

如图 5-44 所示为观测断面 A1 傅里叶频谱曲线及输入地震动频谱曲线。可以看出,在 0 ~ 10 Hz 的低频区域,输入地震动与结构响应的频谱曲线基本一致;该频段内结构响应没有放大。在频率为 12 ~ 23 Hz 和 35 Hz 附近区域,A1断面呈现出小幅度的放大效应。这说明地下结构在地震作用下,对不同频率段的放大程度不同。同时,频率放大区间也表明,该区段隧道-围岩模型的主要振动频率在 12 ~ 23 Hz 范围内及 35 Hz 附近。

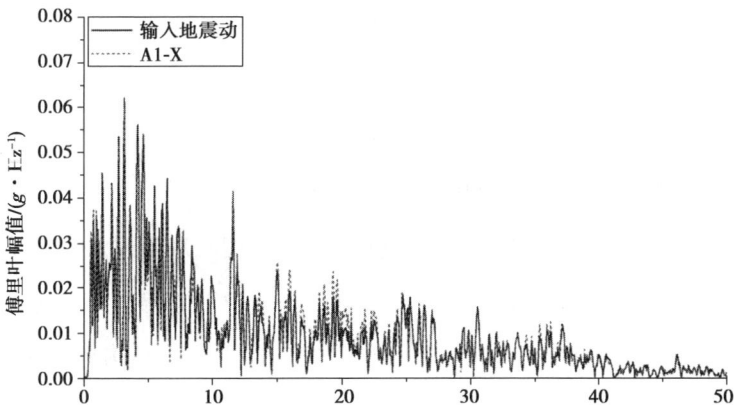

图 5-44　观测断面 A1 结构响应与输入人工波频谱对比图

图 5-45(a)和(b)所示分别为观测断面 A1 地震响应的时频三维图和相对应的平面等值图。可以看出,地震响应的能量分布主要集中在 0 ~ 6 s,其中第 5 s 附近的幅值最高,能量最大;同时该区域的频率约为 2 ~ 5 Hz,主要集中在低频区域。最高幅值出现时间和地震波峰值所在时间相似,频率与地震波主频一

致。这说明该人工作用下结构所吸收的能量主要集中在前6s,而地震能量主要集中在低频段。

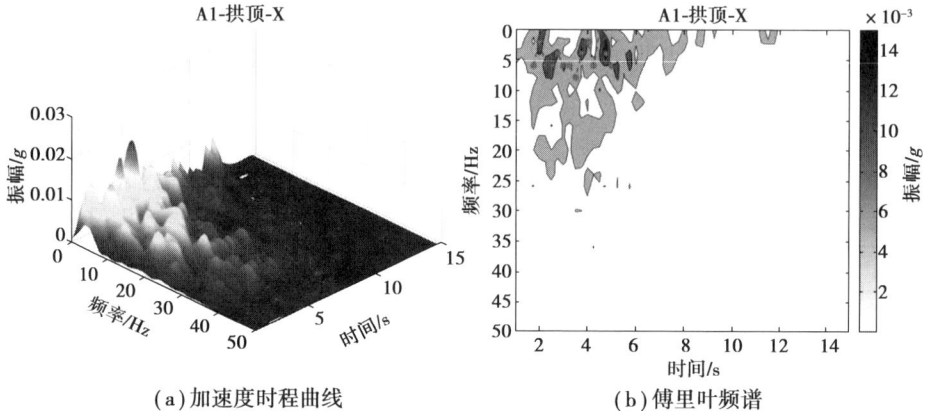

(a)加速度时程曲线　　　　　　　　(b)傅里叶频谱

图 5-45　观测断面 A1 在 X 方向的地震响应时频图

如图 5-46 所示为观测断面 A2 加速度响应频谱及输入地震动频谱曲线。可以看出,与观测断面 A1 类似,在 0 ~ 10 Hz 的低频区域,输入地震动与结构响应的频谱曲线基本一致;该频段内结构响应没有放大。然而,在频率 12 ~ 17 Hz 区域,隧道结构响应的放大效应明显增强;同时,在高频段 33 ~ 40 Hz 区域,隧道结构响应的放大效应也十分明显。由此可以说明内衬加强的盾构隧道随着刚度的增大,在这两个频率区间的放大效应更加显著。

图 5-47(a)和(b)所示分别为观测断面 A2 地震响应的时频三维图和相对应的平面等值图。可以看出与观测断面 A1 相比,A2 地震响应的能量分布更宽,如有效时长增加到约 8 s;同时,在频率为 2 ~ 10 Hz 时,结构响应的傅里叶幅值也较大。此外,A1 断面结构响应的能量分布在 20 Hz 以内,然而图 5-47(b)表明 A2 断面的能量分布扩展到 25 Hz。因此,随着隧道衬砌刚度的增大,结构响应的能量分布也逐渐朝高频区段扩展,同时有效时长也变大。

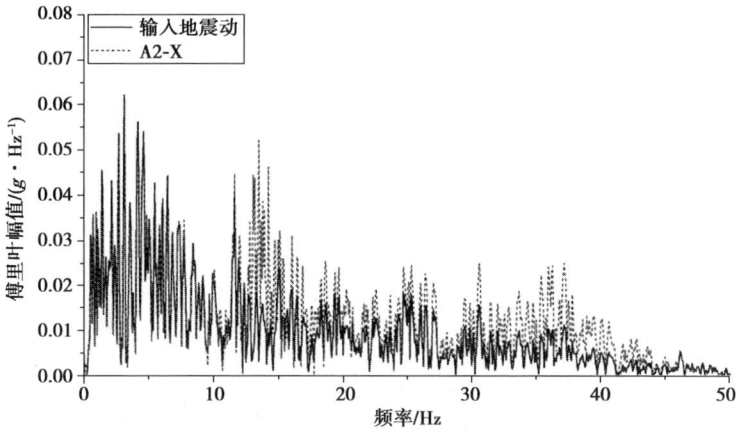

图 5-46　观测断面 A2 结构响应与输入人工波频谱对比图

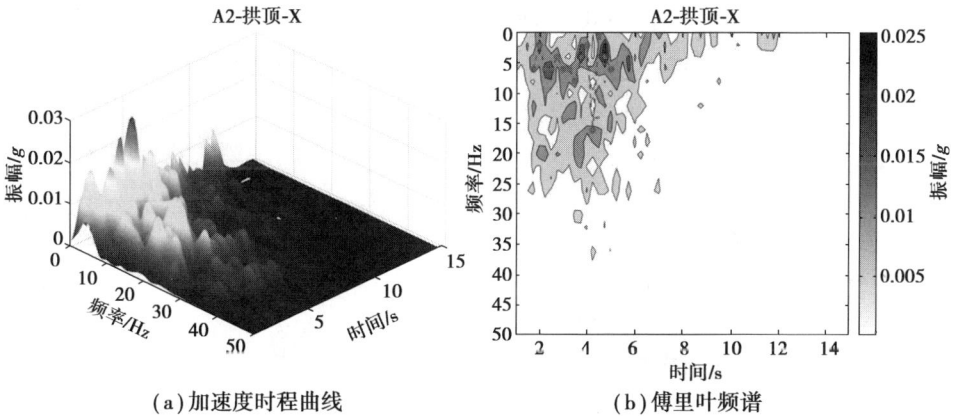

（a）加速度时程曲线　　　　　　　（b）傅里叶频谱

图 5-47　观测断面 A2 在 X 方向的地震响应时频图

如图 5-48 所示为观测断面 A3 加速度响应频谱及输入地震动频谱曲线。与观测段 A1 和 A2 对比发现,观测断面 A3 在低频区域,2～7 Hz 区段也出现轻微的放大效应。此外,在中间频率段 20 Hz,25 Hz 以及高频段 33～37 Hz 等区域,隧道结构的放大效应依然很明显。可以看出,复合衬砌对接段由于刚度较大,结构在不同频率段均有不同程度的放大。同样,图 5-49（a）和（b）所示分别为观测断面 A3 地震响应的时频三维图和对应的平面等值图。可以看出,该断面地震响应的能量依然主要集中在低频段 0～10 Hz 区域。然而,频谱分布的范围比 A1 和 A2 断面进一步扩展,高频能量扩展到 40 Hz 附近。从时间上看,地震响应的能量依然集中在前 8 s 以内。

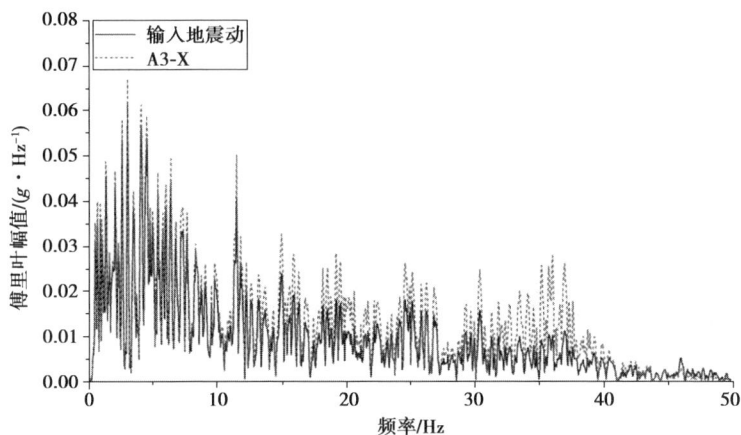

图 5-48　观测断面 A3 结构响应与输入人工波频谱对比图

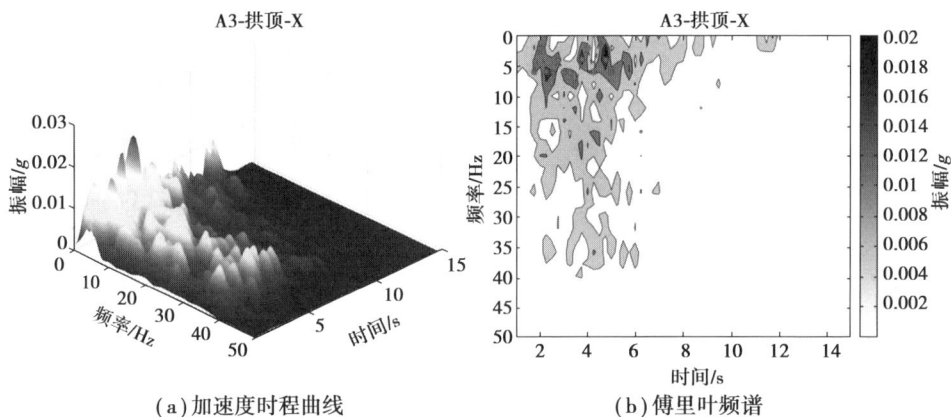

（a）加速度时程曲线　　　　　　　　（b）傅里叶频谱

图 5-49　观测断面 A3 在 X 方向的地震响应时频图

如图 5-50 所示为复合衬砌对接段的第二段观测断面 A4 加速度响应频谱及输入地震动频谱曲线。与观测段断面 A3 相比，衬砌结构在低频区域的放大效应有所减弱；但是在中间频率段 13 ~ 20 Hz 以及高频段 33 ~ 37 Hz 等区域，观测断面 A3 与 A4 相似，隧道结构的放大效应依然很明显。同样，图 5-51（a）和（b）所示分别为观测断面 A4 地震响应的时频三维图和相对应的平面等值图。图示结果与 A3 断面相似：地震响应的能量主要集中在 0 ~ 20 Hz；同时能量分布较宽，在 30 ~ 40 Hz 区域依然有较大的地震响应能量。从时间上来看，结构地震响应的能量也主要集中在前 8 s。

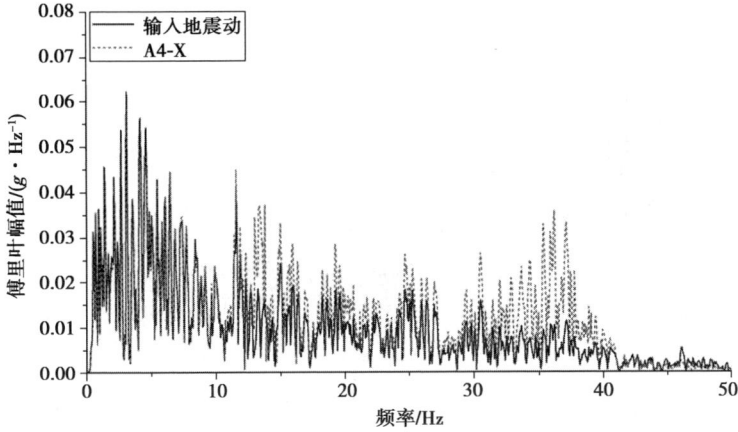

图 5-50　观测断面 A4 结构响应与输入人工波频谱对比图

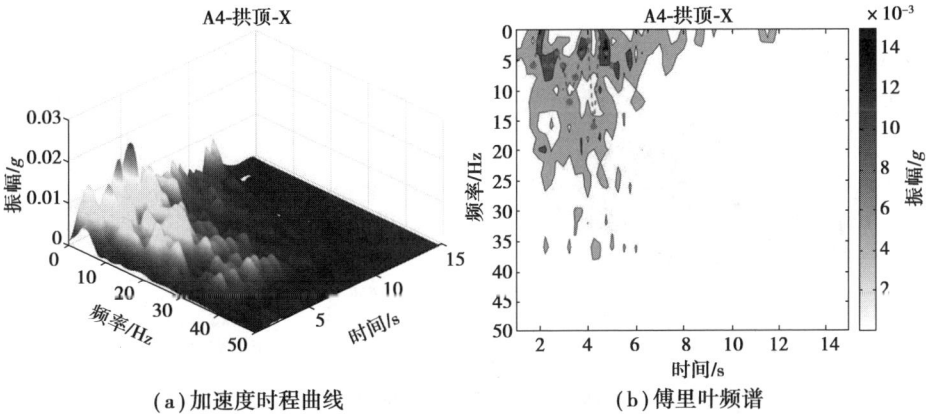

（a）加速度时程曲线　　　　　　　　　　（b）傅里叶频谱

图 5-51　观测断面 A4 在 X 方向的地震响应时频图

如图 5-52 所示为矿山段观测断面 A7 加速度响应频谱及输入地震动频谱曲线。可以看出，A7 观测断面在低频区域未表现出放大效应。在中间频段及高频区域，与上述其他观测断面相似，出现明显的放大效应，尤其是在 13 Hz 和 37 Hz 等附近区域。此外，图 5-53（a）和（b）所示分别为该观测断面地震响应的时频三维图和相对应的平面等值图。图示表明：地震响应的能量主要集中在 0 ~25 Hz；同时在 37 Hz 附近区域，地震响应的幅值也较大。从时间上来看，在第 5s 左右，结构地震响应最为强烈，且主要为低频地震动的能量。

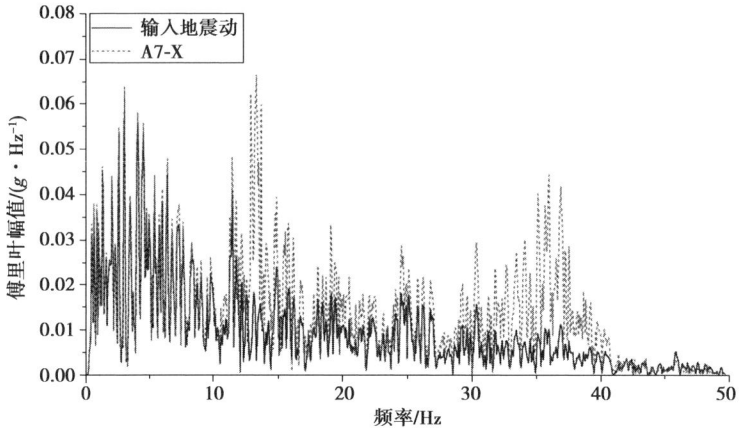

图 5-52　观测断面 A4 结构响应与输入人工波频谱对比图

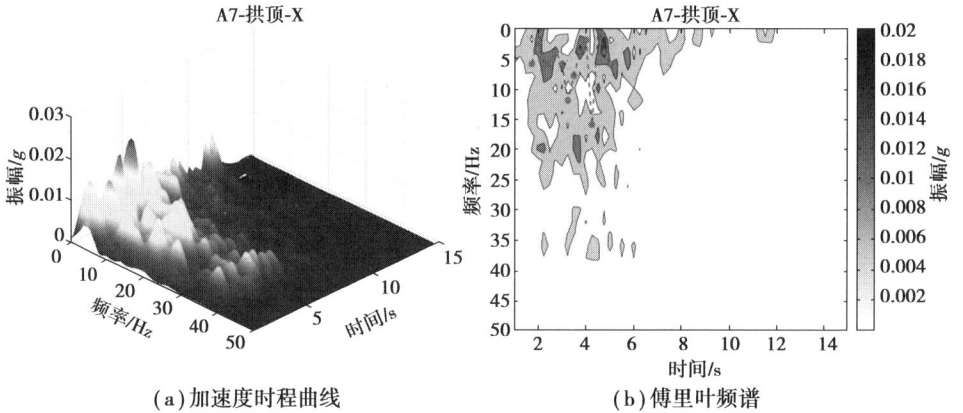

（a）加速度时程曲线　　　　　　　（b）傅里叶频谱

图 5-53　观测断面 A4 在 X 方向的地震响应时频图

5.3.2　刚度变化对隧道纵向地震响应的影响

1）正弦波工况

与 5.3.1 小节中针对正弦波作用下隧道各区段在横向的地震响应分析类似，本节重点分析不同频率的正弦波作用下隧道结构沿纵向的地震响应特征。如图 5-54（a）和（b）所示分别为正弦波工况 1，即主频 0.5 Hz 正弦波作用下各观测断面 0°位置在水平 Z 方向的加速度时程曲线和频谱曲线。由图 5-54（a）

可以看出,各观测断面基本上保持为正弦波动的发展趋势,加速度峰值差别不大。各观测断面加速度时程在峰值区域均出现粗糙的毛刺。同时图 5-54(b)的傅里叶频谱也表明,各观测断面衬砌结构响应的主频与输入地震动主频一致,即 0.5 Hz。通过图 5-55 中的高频频谱放大图可以看出,高频区域的干扰是加速度时程中产生毛刺的原因。然而,各观测断面的傅里叶频谱响应基本相似。

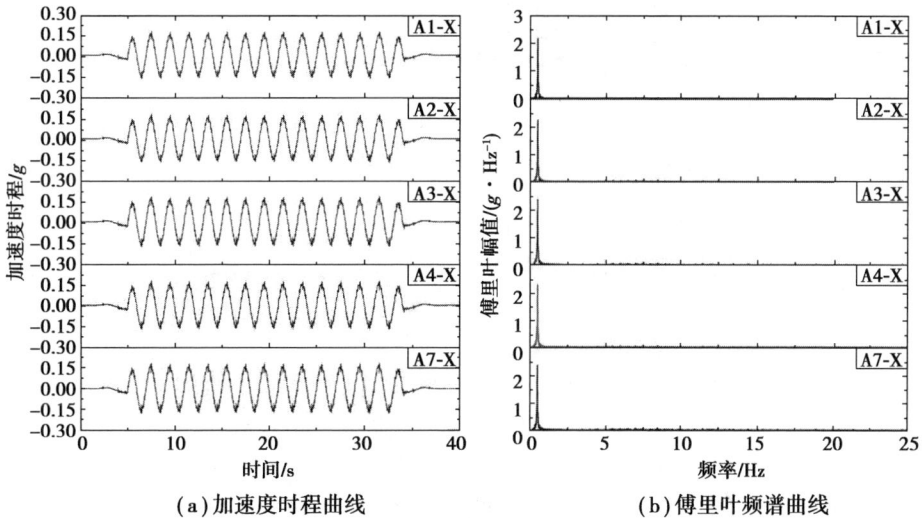

(a)加速度时程曲线　　　　　(b)傅里叶频谱曲线

图 5-54　正弦波工况 1(0.5 Hz)典型断面 0°位置在水平 Z 方向的动力响应

如图 5-56(a)和(b)所示分别为正弦波工况 2,即主频 2 Hz 正弦波作用下各观测断面 0°位置在水平 Z 方向的加速度时程和频谱曲线。由图 5-56(a)可以看出,各观测断面基本上保持为正弦波动的发展趋势,加速度峰值差别不大。与正弦工况 1 相比,2 Hz 正弦波作用下加速度时程更加光滑。加速度最大值出现在观测断面 A4,为 0.197 g。同时图 5-56(b)的傅里叶频谱也表明,各观测断面衬砌结构响应的主频与输入地震动主频一致,即 2 Hz;且各观测断面幅值差别较小。通过图 5-57 中的高频频谱放大图可以看出,各观测断面均出现明显的倍频效应,如 6 Hz,8 Hz 及 10 Hz 等。各观测断面的频谱分布和幅值十分相似。

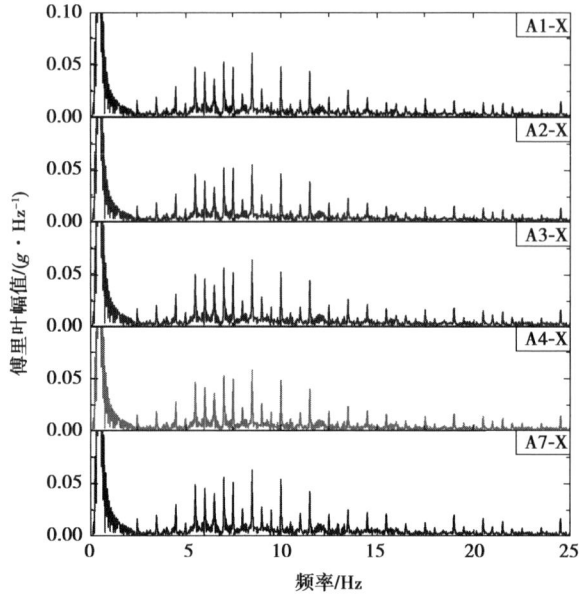

图 5-55　正弦波工况 1 高频区域傅里叶频谱曲线放大显示图

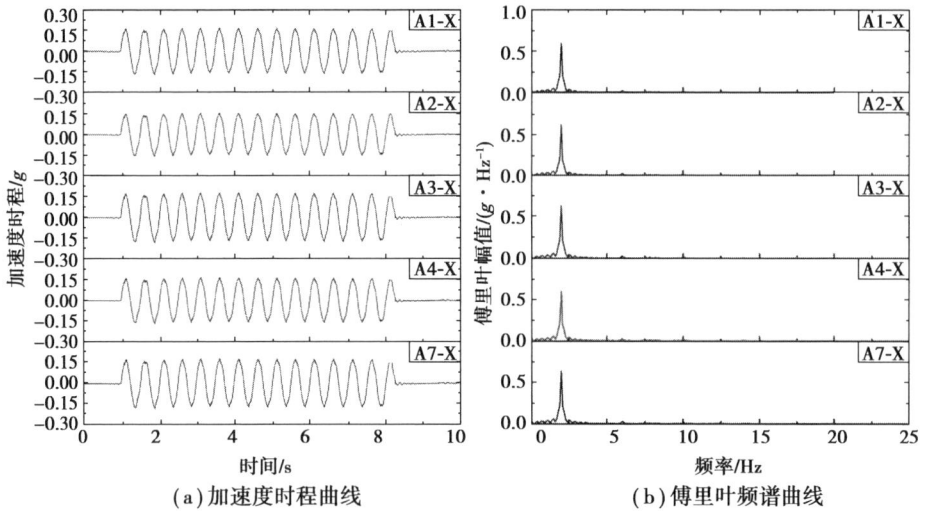

（a）加速度时程曲线　　　　　　　　（b）傅里叶频谱曲线

图 5-56　正弦波工况 2（2 Hz）典型断面 0°位置在水平 Z 方向的动力响应

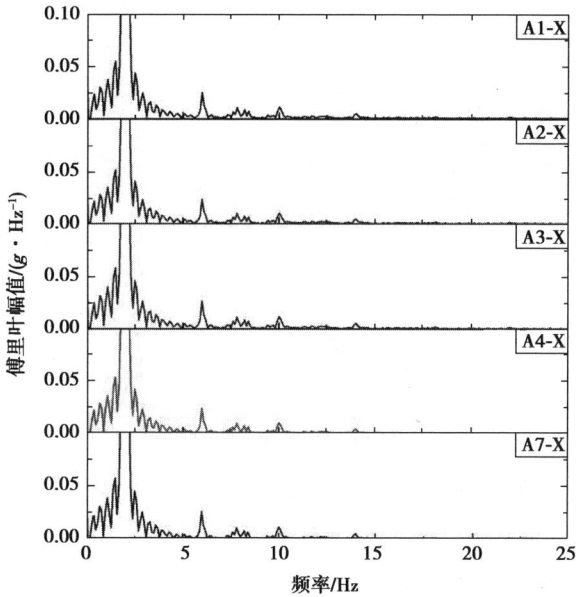

图 5-57　正弦波工况 2 高频区域傅里叶频谱曲线放大显示图

　　试验结果表明,正弦波工况 3(3.16 Hz)、工况 4 (4.7 Hz)、工况 5(6.32 Hz)及工况 6(10 Hz)等,各区段隧道结构在隧道轴线方向的地震响应规律一致,差别较小。如图 5-58—图 5-65 所示为上述 4 个工况下各观测断面沿隧道轴线的加速度时程曲线和傅里叶频谱曲线。总体看来,在 3 ~ 10 Hz 正弦波作用下,各区段隧道结构的加速度响应较光滑,较少因为高频的干扰而产生毛刺。同时,傅里叶频谱曲线也表明,尽管在上述频率正弦波作用下有出现倍频现象,然而倍频处的幅值较小。

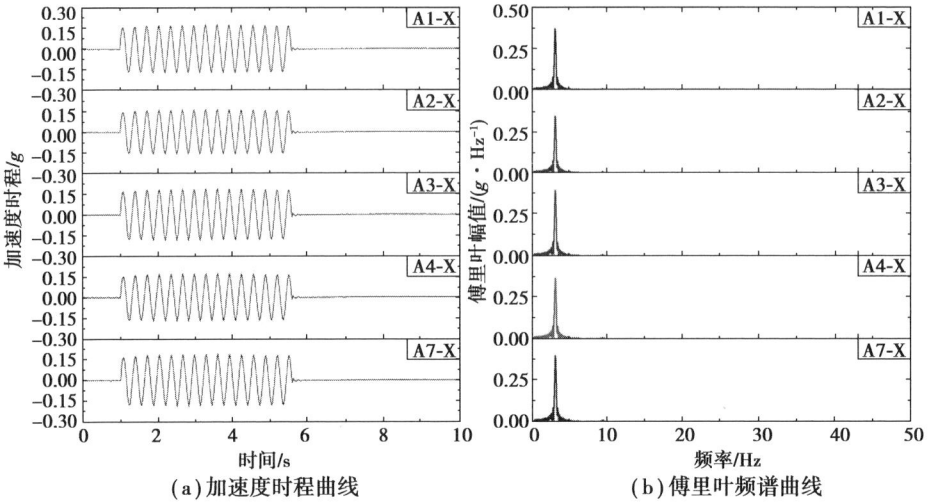

(a) 加速度时程曲线　　　　　　(b) 傅里叶频谱曲线

图 5-58　正弦波工况 3(3.16 Hz)典型断面 0°位置在水平 Z 方向的动力响应

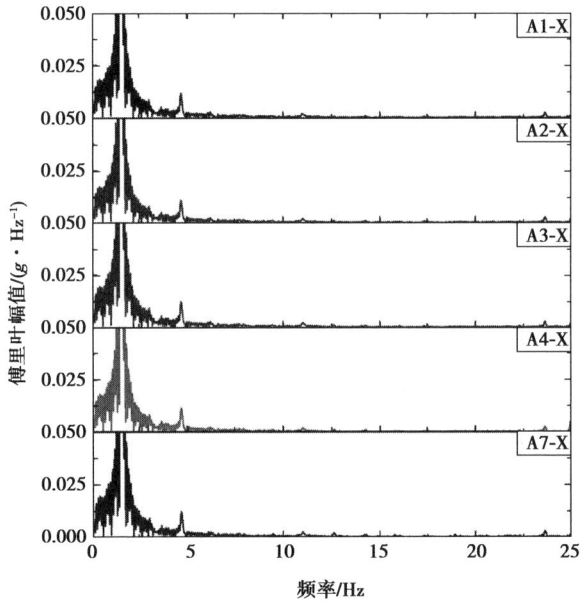

图 5-59　正弦波工况 3 高频区域傅里叶频谱曲线放大显示图

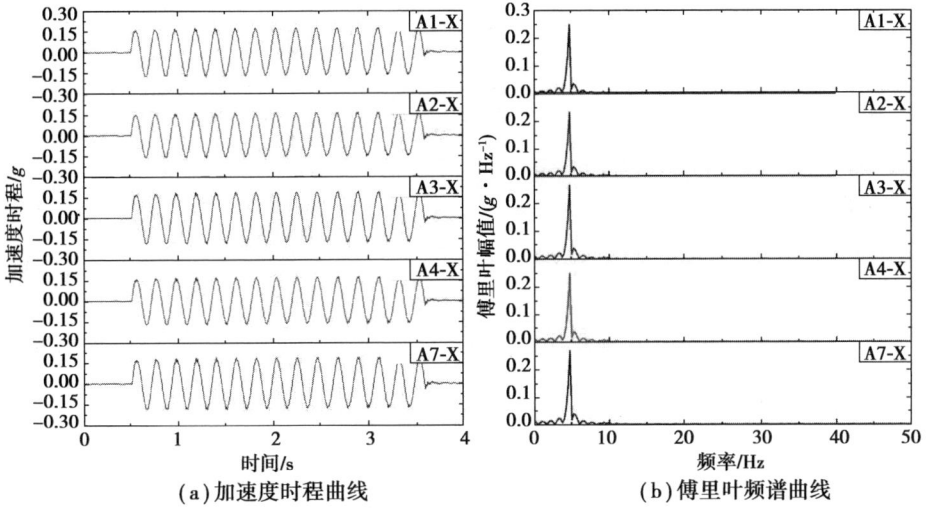

(a)加速度时程曲线　　　　　(b)傅里叶频谱曲线

图 5-60　正弦波工况 4(4.7 Hz)典型断面 0°位置在水平 Z 方向的动力响应

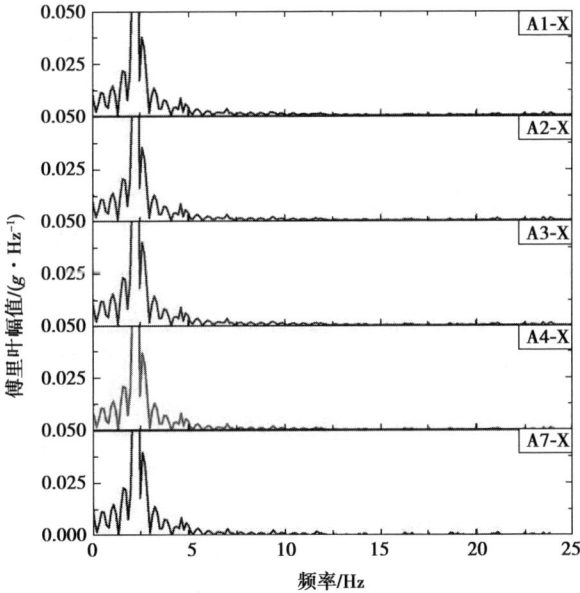

图 5-61　正弦波工况 4 高频区域傅里叶频谱曲线放大显示图

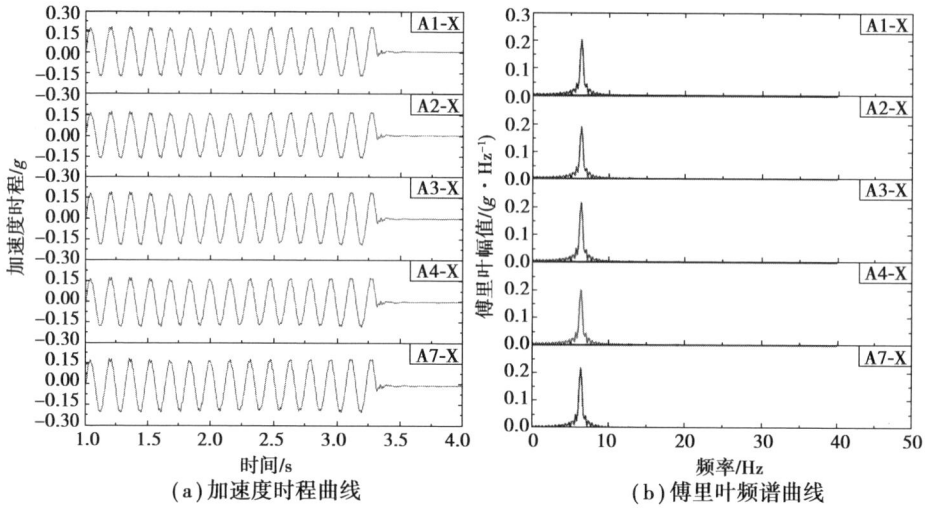

图 5-62　正弦波工况 5(6.32 Hz)典型断面 0°位置在水平 Z 方向的动力响应

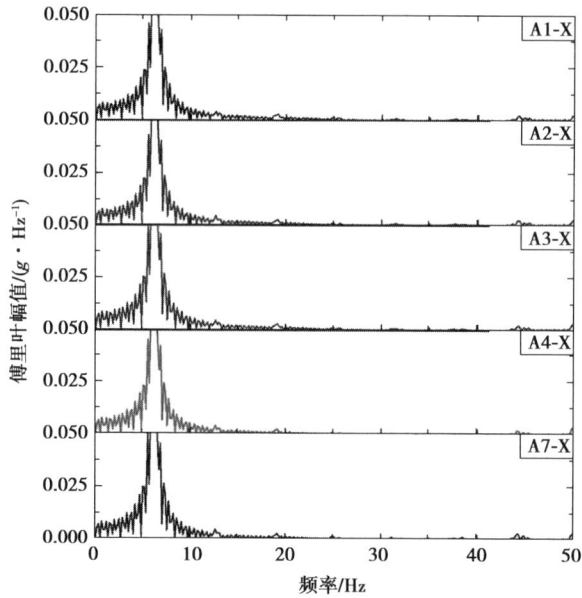

图 5-63　正弦波工况 5 高频区域傅里叶频谱曲线放大显示图

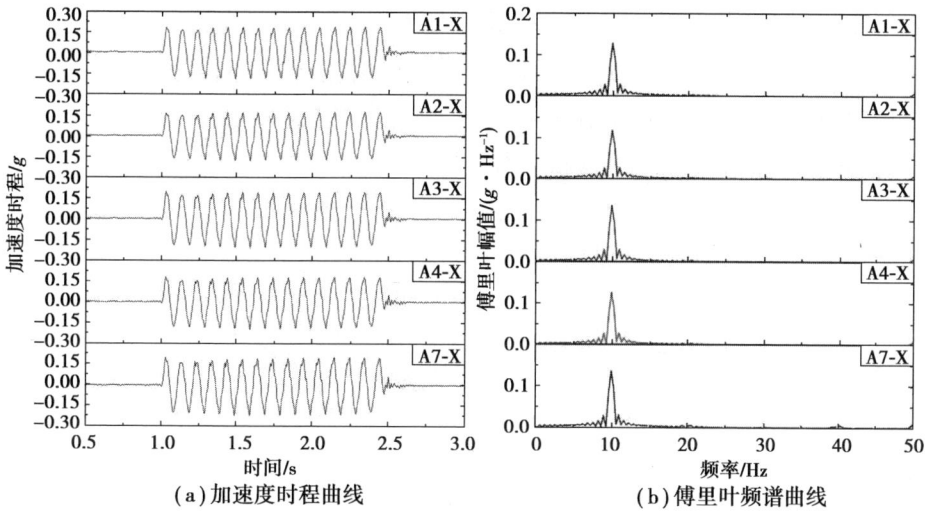

(a) 加速度时程曲线　　　　　　(b) 傅里叶频谱曲线

图 5-64　正弦波工况 6(10 Hz)典型断面 0°位置在水平 Z 方向的动力响应

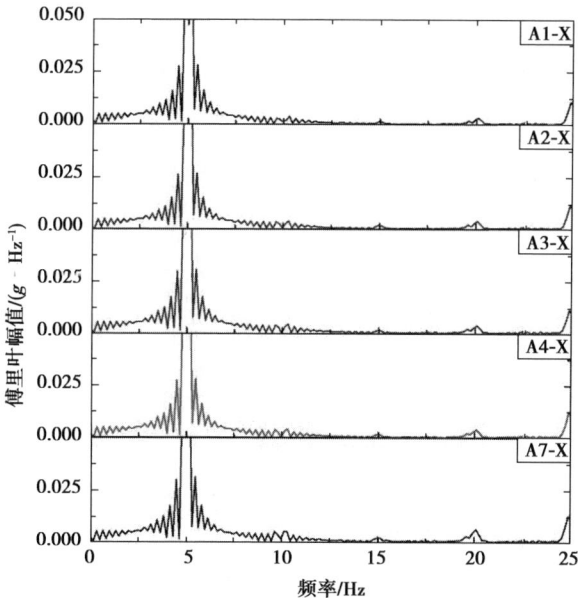

图 5-65　正弦波工况 6 高频区域傅里叶频谱曲线放大显示图

如图 5-66(a)和(b)所示分别为正弦波工况 7,即主频 17 Hz 正弦波作用下各观测断面 0°位置在水平 Z 方向的加速度时程和频谱曲线。由图(a)可以看出,各观测断面基本上保持为正弦波动的发展趋势,加速度峰值差别不大;不过

各观测断面相比输入地震动均有明显放大,峰值加速度放大系数约为1.8。图
5-67 的傅里叶频谱曲线表明,与前面4组工况结果相比,17 Hz 正弦波作用下隧
道各观测断面结构响应的倍频效应更加显著,如34 Hz,51 Hz 等;同时也可以看
出各观测断面的频谱分布和幅值十分相似。

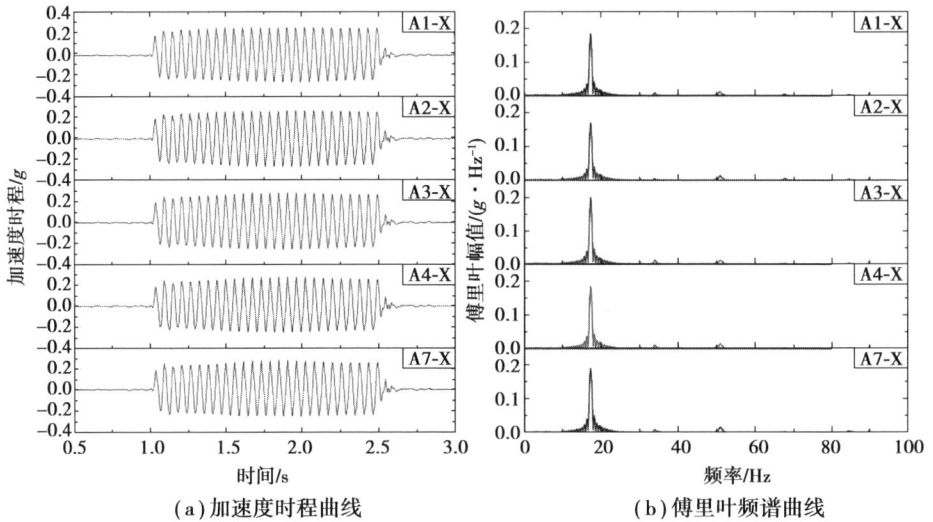

(a) 加速度时程曲线   (b) 傅里叶频谱曲线

图 5-66　正弦波工况 7(17 Hz)典型断面 0°位置在水平 Z 方向的动力响应

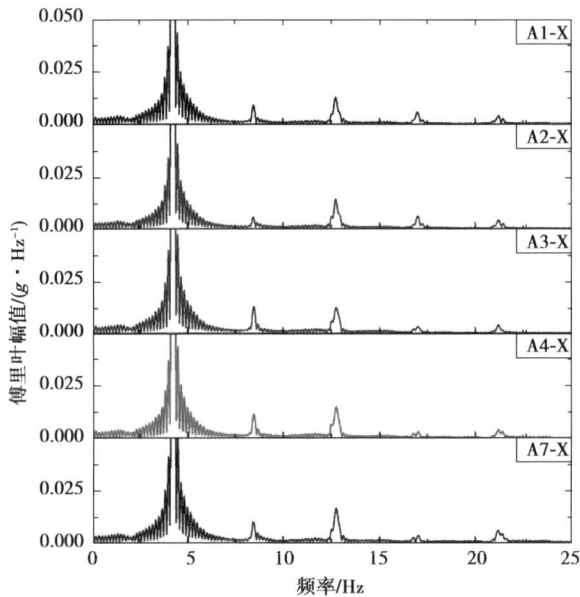

图 5-67　正弦波工况 7 高频区域傅里叶频谱曲线放大显示图

上述针对不同频率正弦波工况的分析结果表明,在低频正弦波工况 1(0.5 Hz)作用下,各区段隧道结构受高频振动干扰的影响较大,在加速度响应的峰值区域出现不光滑的毛刺。在工况 2—工况 6 的正弦波作用下,各隧道区段的动力响应规律相同,倍频效应不明显。然而,在 17 Hz 正弦波作用下,各观测断面的倍频效应显著,加速度响应也较大。

为了分析对接段隧道结构在不同频率正弦波作用下沿纵向的响应特征,选取各工况关键测点加速度峰值的放大系数(隧道结构响应与基岩面输入地震动比值)进行讨论,如图 5-68 所示。可以看出,在低频率及中等频率正弦波作用下,各观测断面加速度放大效应不明显,放大系数为 1.0 ~ 1.25;同时,各观测断面的加速度放大系数差别不大。当输入正弦波频率增加至 17 Hz 时,即工况 7,结构响应的放大系数明显增大,约为 1.75。然而,值得注意的是所有观测断面的放大系数都同步增加,且相互间的差别较小。因此,隧道结构形式和衬砌刚度的变化,对其沿隧道纵向地震响应的影响较小。

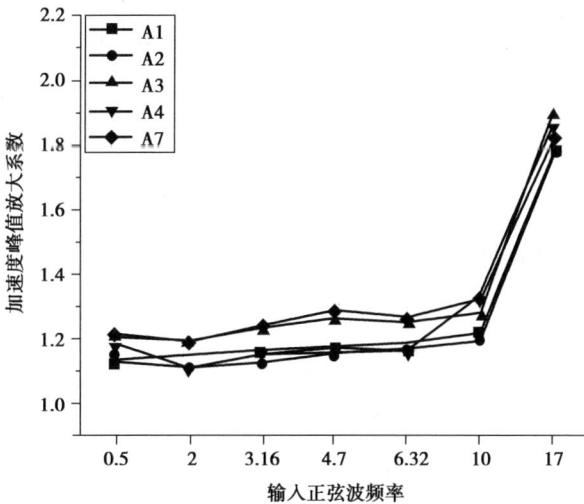

图 5-68　正弦工况加速度峰值放大系数

2)人工波工况

与 5.3.2 小节分析结构在水平横向的地震响应相同,本小节进一步选取人工波试验工况分析对接段隧道各区段沿隧道纵向的响应特征。如图 5-69 所示为观测断面 A1 傅里叶频谱曲线及输入地震动频谱曲线。可以看出,在整个频域内,隧道结构的地震响应与输入地震动的差别较小;尤其是在 0 ~ 10 Hz 的低频区域,输入地震动与结构响应的频谱曲线基本一致;该频段内结构响应没有放大。在频率为 12 ~ 23 Hz 附近区域,A1 断面呈现出小幅度的放大效应。

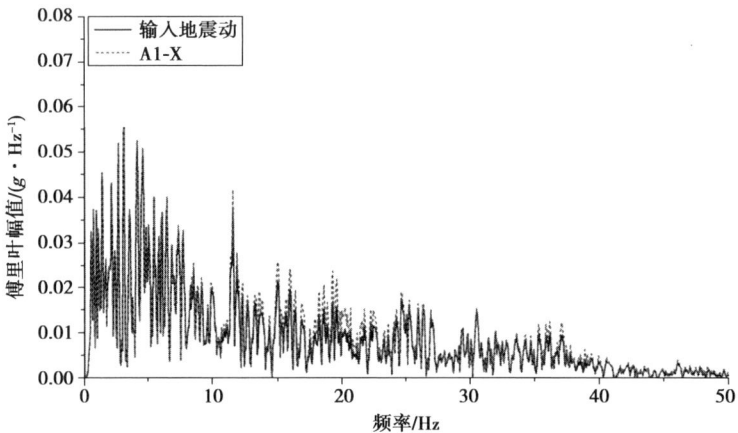

图 5-69　观测断面 A1 结构响应与输入人工波频谱对比图

图 5-70(a)和(b)所示分别为观测断面 A1 地震响应的时频三维图和相对应的平面等值图。可以看出地震响应的能量分布主要集中在 0 ~ 6 s;同时主要的频谱成分分布在 0 ~ 20 Hz 内。从图 5-70(b)可以看出,高于 25 Hz 的傅里叶幅值很小,其能量可忽略不计。

如图 5-71 — 图 5-79 所示分别为观测断面 A2,A3,A4 及 A7 在人工波作用下沿隧道纵向的地震响应频谱和时频分布图。总体看来,各观测断面的动力响应规律基本一致,因此为节约篇幅,本节对上述 4 个观测断面进行合并分析。与 A1 断面相比,上述 4 个断面在低频区域,0 ~ 10 Hz 区域,傅里叶幅值比输入地震波的幅值更大;不过放大效应不明显。此外,从整个傅里叶频谱看,各观测断面主要在 12 ~ 23 Hz 范围内出现较明显的放大效应。因此,可以推测该模型沿纵向的基本振型频率在 17 Hz 附近。此外,从结构响应的时频分布图可以看出,各区域隧道结构地震能量也主要分布在 0 ~ 25 Hz;时间上主要集中在 0 ~ 6 s。

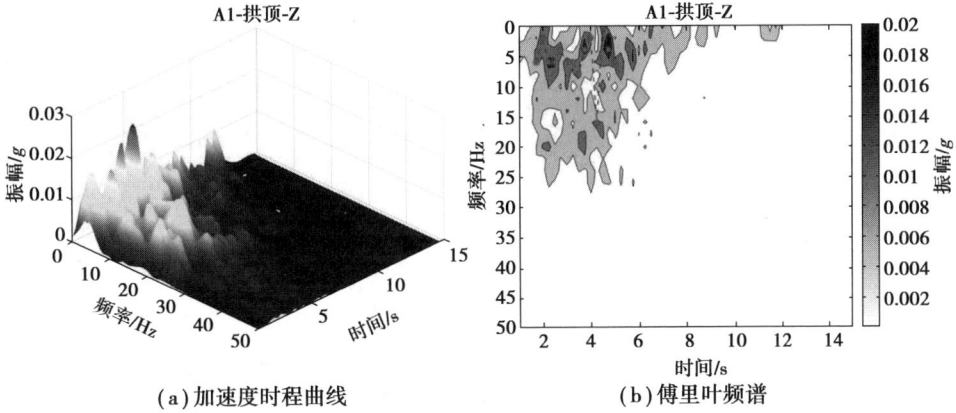

(a)加速度时程曲线   (b)傅里叶频谱

图 5-70 观测断面 A1 在 X 方向的地震响应时频图

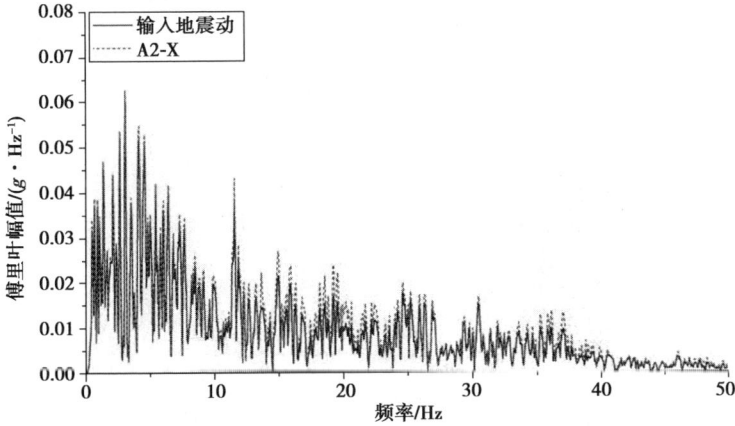

图 5-71 观测断面 A2 结构响应与输入人工波频谱对比图

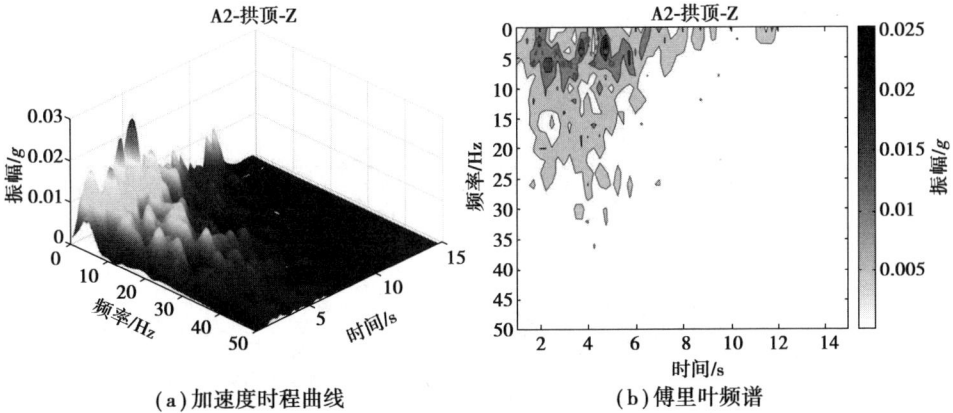

(a)加速度时程曲线   (b)傅里叶频谱

图 5-72 观测断面 A2 在 X 方向的地震响应时频图

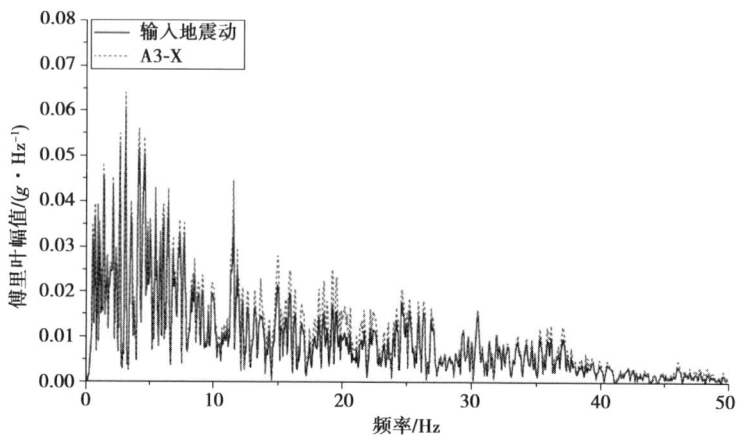

图 5-73　观测断面 A3 结构响应与输入人工波频谱对比图

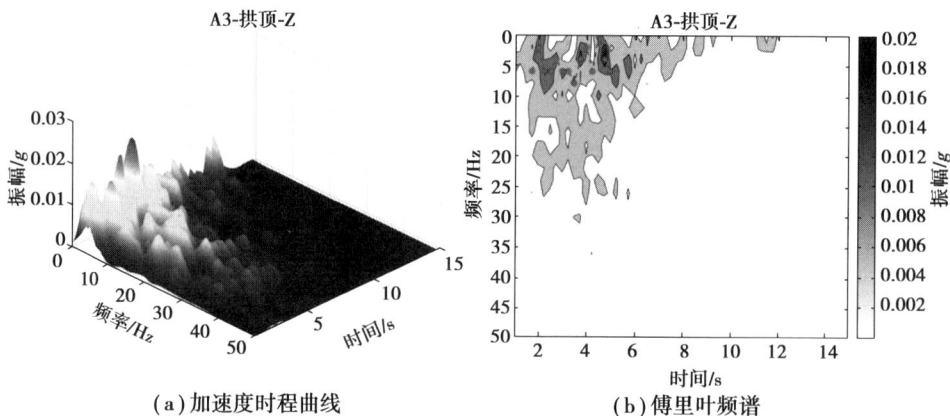

（a）加速度时程曲线　　　　（b）傅里叶频谱

图 5-74　观测断面 A3 在 X 方向的地震响应时频图

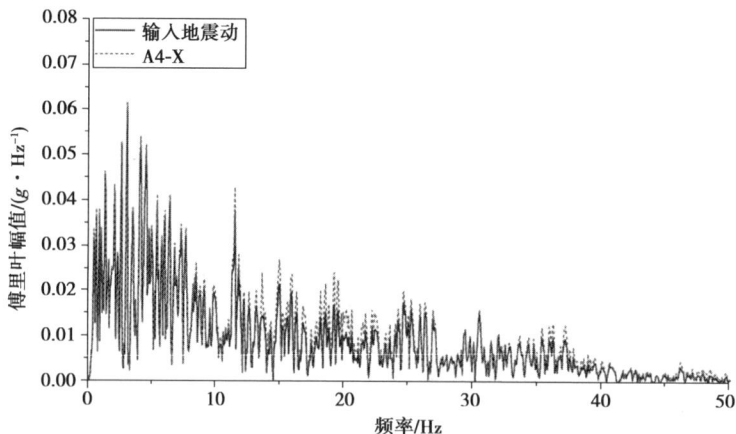

图 5-75　观测断面 A4 结构响应与输入人工波频谱对比图

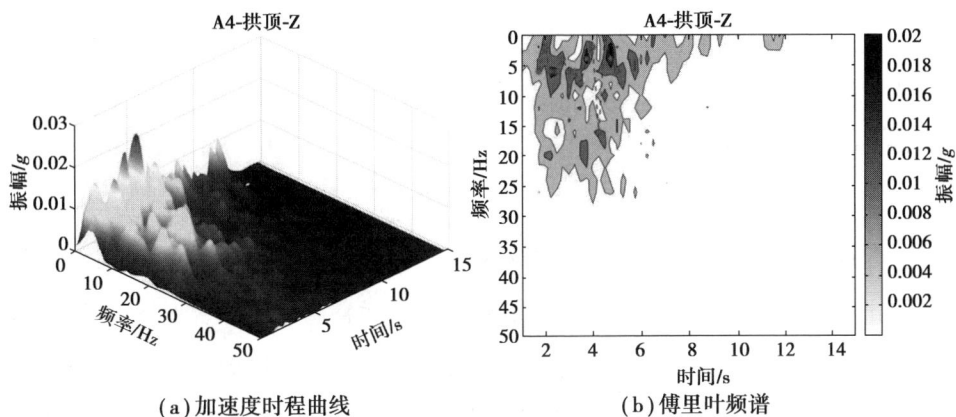

A4-拱顶-Z

（a）加速度时程曲线

A4-拱顶-Z

（b）傅里叶频谱

图 5-76　观测断面 A4 在 X 方向的地震响应时频图

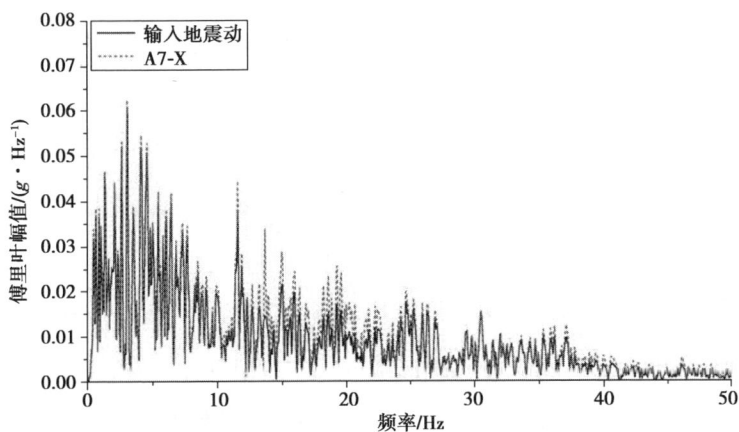

图 5-77　观测断面 A7 结构响应与输入人工波频谱对比图

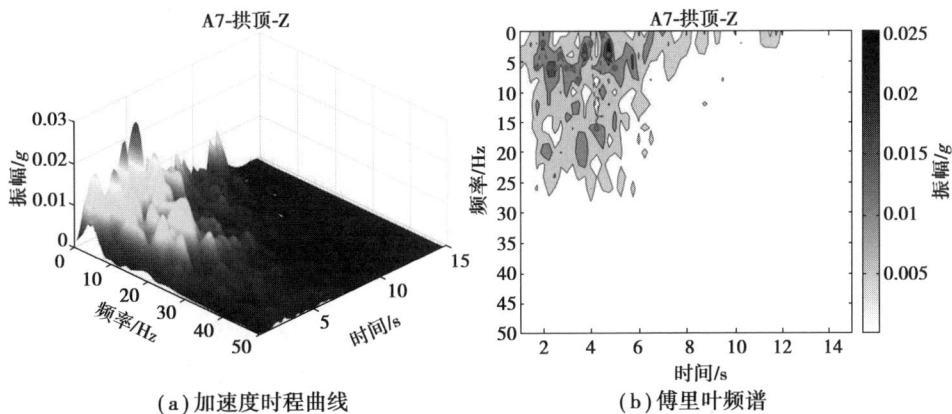

A7-拱顶-Z

（a）加速度时程曲线

A7-拱顶-Z

（b）傅里叶频谱

图 5-78　观测断面 A7 在 X 方向的地震响应时频图

5.4　小　结

本章通过振动台模型试验,首先对基本设防地震动作用下变刚度隧道各区段的加速度、频谱、衬砌应变、围岩—衬砌压力及盾构管片接缝变形响应等展开分析。然后,结合正弦波试验结果研究了变刚度隧道对不同频率地震动的放大特性,并系统分析了衬砌刚度变化对隧道沿横向和纵向地震响应的影响规律。通过上述工作得到以下结论:

(1)变刚度隧道各区段对人工波低频地震成分的放大效应均不明显,同时各隧道区段在低频正弦波作用下的响应差别不大。当地震动频率大于 10 Hz 时,衬砌刚度的提高会显著增大水平横向地震动的放大效应。不过衬砌形式和刚度的变化,对沿隧道纵向的地震响应影响很小,即各区段沿纵向的地震响应加速度响应和频谱分布基本相同。

(2)在人工波作用下,结构刚度较小的盾构隧道段对地震波在水平横向的放大效应明显小于其他区段;其他刚度相对较大的隧道段对地震动的放大效应主要集中在 12~23 Hz 的中频区域和 30~40 Hz 的高频区段。

(3)对于盾构隧道,内衬加强可以有效控制相近管片衬砌的地震动变形,降低管片衬砌应变;不过与内衬相邻管片的接缝变形由于衬砌形式和刚度的突变,增大约 90%。

第6章 研究结论及展望

6.1 研究结论

为了研究岩石隧道变刚度段在地震作用下的动力响应,从整体上和局部构件上把握变刚度隧道各区段的地震响应机制。本书在已有研究成果的基础上,首先对汶川地震中的受损隧道进行全面统计和分析,在对典型震害进行分类的基础上,初步探讨了各类典型震害的破坏机理。针对岩石隧道变刚度段的结构特点,将隧道简化为 Winkler 弹性地基上的无限长梁,通过求解隧道的位移微分控制方程,推导出变刚度隧道纵向地震响应的解析表达式;并结合傅里叶变换对地震波的分解原理,最终建立起任意地震动作用下变刚度隧道纵向地震响应快速分析方法。通过梁弹簧模型简化计算结果,从宏观上明确了变刚度隧道的地震响应特征及对接段刚度变化的影响范围。在此基础上,设计并提出了变刚度隧道的大比尺振动台模型试验方法,并开展了不同地震动输入方向、不同地震波及不同地震动强度等多工况振动台模型试验,系统研究了岩石隧道变刚度段的地震响应特征。

本书具体研究工作及主要结论如下:

(1)全面梳理了汶川地震中隧道的受损情况,进一步完善了隧道震害调研数据库。针对不同震害的破坏特征,将隧道震害归纳为开裂、混凝土剥落、剪切破坏、错台、路面隆起及垮塌等6种,并初步分析了各类震害的破坏机理。基于统计数据建立了地震烈度、震中距及隧道埋深等客观因素与典型隧道震害类型之间的关系。

（2）建立了变刚度隧道纵向地震响应快速分析方法，针对不同围岩等级和不同对接段衬砌厚度等进行参数敏感性分析。结果表明：当围岩等级降低时（Ⅱ级降低到Ⅵ级）隧道结构的剪力沿轴线的分布模式发生改变：盾构段剪力增大，而对接段剪力峰值却减小。因为当围岩体变得相对"柔软"时，对接段所引起的刚度突变效应变弱，刚度突变引起的剪力增量也因此向两端扩展。不过围岩等级的变化对隧道弯矩影响很小。此外，对接段衬砌厚度的提高也将加剧隧道刚度的突然效应，导致结构剪力和弯矩的增大；不过对接段衬砌厚度的改变对盾构段的受力影响很小。此外，人工波和汶川波作用下隧道结构剪力和弯矩沿纵向的总体分布规律类似：在内衬加强盾构段与对接段交接处取得极大值，结构的刚度突变会导致隧道结构内力的激增。

（3）梁弹簧模型的计算结果从宏观上揭示了变刚度隧道的纵向地震响应特征，明确了对接段刚度变化的影响范围。随后，根据 Buckingham-π 相似定理设计了隧道变刚度段大比尺振动台模型的相似关系，同时考虑了地震作用下围岩—结构相对刚度比等效，解决了地下结构振动台试验多物理场相似比匹配的难题，以真实反映实际围岩与隧道结构之间的动力相互作用效应。随后开展了一系列针对不同地震动输入方向、不同地震波、不同地震动强度等激励条件的振动台模型试验。

（4）通过人工波和正弦波试验工况的测试结果，对变刚度隧道各区段的加速度、频谱特征及时频特性展开分析，揭示了衬砌刚度变化对隧道地震响应的影响规律。结果表明，随着衬砌刚度的提高，结构沿横向的加速度响应总体上逐渐增大，不过刚度的提高对隧道沿纵向的地震动响应影响很小。此外，刚度的改变对低于 10 Hz 地震动的放大效应影响很小，其放大效应主要体现在大于 10 Hz 的地震动分量；尤其是地震频率达 17 Hz 时，动力放大效应明显增强。

（5）不同地震波激励下的试验结果表明，各工况下隧道结构的放大频率段基本相似,主要包括 15～20 Hz 的中频区间和 30～40 Hz 的高频区间。总体来看隧道结构的围岩压力峰值、衬砌应变等在不同地震动作用下的分布规律类似,不过人工波作用下的结构响应偏大。

6.2 展 望

本书针对岩石隧道变刚度段地震动响应机制的研究取得了一些具体的研究成果,但是对变刚度隧道结构抗震性能的研究还处于起步阶段,还存在诸多问题值得深入探讨:

(1)受试验条件的限制,本书仅针对具有特定结构特征的隧道变刚度段展开模型试验分析,没能考虑不同对接段断面形状、不同对接段长度等因素,因此缺乏对接段结构的优化分析和研究。

(2)本书研究以某具体的采用组合工法的对接段隧道结构而展开,系统分析了该结构的地震动响应特征,但是没有进一步研究该对接段隧道的减震、隔震措施等,比如将刚性连接变为柔性连接或铰接等。因此,针对该对接段隧道的减隔震方法还需要进一步深入研究。

(3)本书模型试验的重点是隧道变刚度段,隧道纵向模拟长度不大,因此在进行地震动激励时采用基岩面一致输入的方式。但是地震动沿隧道纵向进行传播时具有明显的行波效应,行波效应也将对变刚度隧道各区段的地震响应产生影响。未来的振动台模型试验应进一步优化试验设计,实现非一致激励下变刚度隧道的试验模拟。

参考文献

［1］ DOWDING C H, ROZAN A. Damage to rock tunnels from earthquake shaking ［J］. Journal of the Geotechnical Engineering Division, 1978, 104(2):175-191.

［2］ SHARMA S, JUDD W R. Underground opening damage from earthquakes［J］. Engineering Geology, 1991, 30(3/4):263-276.

［3］ 郑永来,杨林德. 地下结构震害与抗震对策［J］. 工程抗震, 1999, 21(4): 23-28.

［4］ 郑永来,刘曙光,杨林德,等. 软土中地铁区间隧道抗震设计研究［J］. 地下空间, 2003(2):111-114,118-223.

［5］ WANG W L, WANG T T, SU J J, et al. Assessment of damage in mountain tunnels due to the Taiwan Chi-Chi Earthquake［J］. Tunnelling and Underground Space Technology, 2001, 16(3):133-150.

［6］ 高波,王峥峥,袁松,等. 汶川地震公路隧道震害启示［J］. 西南交通大学学报, 2009, 44(3):336-341,374.

［7］ WANG Z Z, GAO B, JIANG Y J, et al. Investigation and assessment on mountain tunnels and geotechnical damage after the Wenchuan earthquake［J］. Science in China Series E: Technological Sciences, 2009, 52(2):546-558.

［8］ 王峥峥,檀永刚,张哲,等. 基于损伤和能量指标的隧道结构地震反应分析［J］大连理工大学学报, 2011, 55(6):861-867.

［9］ 王峥峥,张哲,高波,等. 山岭隧道洞口震害因素分析与抗震风险模糊综合评价［J］. 中南大学学报(自然科学版), 2012, 43(3):1122-1130.

[10] 王峥峥,王正松,高波.高烈度地震区连拱隧道洞口段抗震措施研究[J].中国公路学报,2011,24(6):80-85.

[11] 崔光耀,王明年,林国进,等.汶川地震区典型公路隧道衬砌震害类型统计分析[J].中国地质灾害与防治学报,2011,22(1):122-127.

[12] 崔光耀,刘维东,倪嵩陟,等.汶川地震各地震烈度区公路隧道震害特征研究[J].现代隧道技术,2014(6):1-6.

[13] 崔光耀,王明年,于丽,等.汶川地震断层破碎带段隧道结构震害分析及震害机理研究[J].土木工程学报,2013,46(11):122-127.

[14] 李天斌.汶川特大地震中山岭隧道变形破坏特征及影响因素分析[J].工程地质学报,2008,16(6):742-750.

[15] 何川,李林,张景,等.隧道穿越断层破碎带震害机理研究[J].岩土工程学报,2014,36(3):427-434.

[16] 王明年,崔光耀,林国进.汶川地震灾区公路隧道震害调查及初步分析[J].西南公路,2009(4):41-46.

[17] 于媛媛.山岭隧道衬砌结构震害机理研究[D].哈尔滨:中国地震局工程力学研究所,2013.

[18] 臧万军.汶川地震公路隧道震害规律研究[J].现代隧道技术,2017,54(2):17-25.

[19] HASHASH Y M A,HOOK J J,SCHMIDT B,et al. Seismic design and analysis of underground structures[J]. Tunnelling and Underground Space Technology, 2001,16(4):247-293.

[20] 林皋.地下结构抗震分析综述(上)[J].世界地震工程,1990,6(2):1-10.

[21] 林皋.地下结构抗震分析综述(下)[J].世界地震工程,1990,6(3):1-10,42.

[22] 王帅帅.基于波动力学理论浅埋隧道减震层力学机理研究[D].成都:西南交通大学,2017.

［23］高峰. 地下结构动力分析若干问题研究［J］. 岩石力学与工程学报,2003,
　　　22(11):1802.

［24］周德培. 地铁抗震设计准则［J］. 世界隧道,1995(2):36-45.

［25］ KUESEL T R. Earthquake design criteria for subways［J］. Journal of the
　　　Structural Division,1969,95(6):1213-1231.

［26］THAU S A,PAO Y H. Diffractions of horizontal shear waves by a parabolic
　　　cylinder and dynamic stress concentrations［J］. Journal of Applied Mechanics,
　　　1966,33(4):785-792.

［27］MOON F C,PAO Y H. The influence of the curvature of spherical waves on
　　　dynamic stress concentration［J］. Journal of Applied Mechanics,1967,34(2):
　　　373-379.

［28］DATTA S K,SHAH A H. Scattering of SH waves by embedded cavities［J］.
　　　Wave Motion,1982,4(3):265-283.

［29］LEE V W,TRIFUNAC M D. Response of tunnels to incident SH-waves［J］.
　　　Journal of the Engineering Mechanics Division,1979,105(4):643-659.

［30］BALENDRA T,THAMBIRATNAM D P,KOH C G,et al. Dynamic response of
　　　twin circular tunnels due to incident SH-waves［J］. Earthquake Engineering &
　　　Structural Dynamics,1984,12(2):181-201.

［31］LIU D K,GAI B Z,TAO G Y. Applications of the method of complex functions
　　　to dynamic stress concentrations［J］. Wave Motion,1982,4(3):293-304.

［32］纪晓东. 半空间中圆形洞室对弹性波的散射［D］. 天津:天津大学,2005.

［33］梁建文,张浩,LEE V W. 地下洞室群对地面运动的影响［J］. 土木工程学
　　　报,2005,38(2):106-113,125.

［34］梁建文,张浩,LEE V W. 地下洞室群对地面运动影响问题的级数解答:P
　　　波入射［J］. 地震学报,2004,26(3):269-280.

［35］梁建文,张浩,LEE V W. 地下双洞室在 SV 波入射下动力响应问题解析解

［J］.振动工程学报,2004,17(2):132-140.

［36］ 梁建文,张浩,LEE V W.平面 P 波入射下地下洞室群动应力集中问题解析解［J］.岩土工程学报,2004,26(6):815-819.

［37］ DAVIS C A,LEE V W,BARDET J P. Transverse response of underground cavities and pipes to incident SV waves［J］. Earthquake Engineering & Structural Dynamics,2001,30(3):383-410.

［38］ KAWASHIMA K. Seismic analysis of underground structures［J］. Journal of Disaster Research,2006,1(3):378-389.

［39］ 川島一彦.地下構造物の耐震設計［M］.東京:鹿島出版会,1994.

［40］ 张斌伟,严松宏,杨永东.隧道纵向整体抗震分析的近似方法［J］.岩土力学,2012,33(7):2081-2088.

［41］ 何悦,何川,耿萍,等.盾构隧道联络横通道地震响应振动台试验［J］.中国公路学报,2017,30(8):193-200.

［42］ MOSS R E S,CROSARIOL V A. Scale model shake table testing of an underground tunnel cross section in soft clay［J］. Earthquake Spectra,2013,29(4):1413-1440.

［43］ 张景,何川,耿萍,等.穿越软硬突变地层盾构隧道纵向地震响应振动台试验研究［J］.岩石力学与工程学报,2017,36(1):68-77.

［44］ YANG D,NAESGAARD E,BYRNE P M,et al. Numerical model verification and calibration of George Massey Tunnel using centrifuge models［J］. Canadian Geotechnical Journal,2004,41(5):921-942.

［45］ LANZANO G,BILOTTA E,RUSSO G,et al. Centrifuge modeling of seismic loading on tunnels in sand［J］. Geotechnical Testing Journal,2012,35(6):1-16.

［46］ LANZANO G,BILOTTA E,RUSSO G,et al. Experimental and numerical study on circular tunnels under seismic loading［J］. European Journal of

Environmental and Civil Engineering,2015,19(5):539-563.

[47] BAZIAR M H, NABIZADEH A, LEE C J, et al. Centrifuge modeling of interaction between reverse faulting and tunnel[J]. Soil Dynamics and Earthquake Engineering,2014,65:151-164.

[48] BAZIAR M H, MOGHADAM M R, KIM D S, et al. Effect of underground tunnel on the ground surface acceleration[J]. Tunnelling and Underground Space Technology,2014,44:10-22.

[49] BAZIAR M H, SHAHNAZARI H, KAZEMI M. Mitigation of surface impact loading effects on the underground structures with geofoam barrier:Centrifuge modeling[J]. Tunnelling and Underground Space Technology, 2018, 80: 128-142.

[50] RABETI MOGHADAM M,BAZIAR M H. Seismic ground motion amplification pattern induced by a subway tunnel:Shaking table testing and numerical simulation[J]. Soil Dynamics and Earthquake Engineering,2016,83:81-97.

[51] 段志慧.软土地基地铁盾构隧道地震动力响应研究[D].天津:河北工业大学,2016.

[52] 段志慧,窦远明,王建宁,等.软土地基盾构隧道地震动力响应振动台模型试验研究[J].科学技术与工程,2017,17(2):106-110.

[53] 安军海,陶连金,王焕杰,等.可液化场地下盾构扩挖地铁车站结构地震破坏机制振动台试验[J].岩石力学与工程学报,2017,36(8):2018-2030.

[54] 王维.软硬突变地层盾构隧道地震响应特性研究[D].成都:西南交通大学,2015.

[55] 禹海涛,张敬华,季倩倩,等.基于3D打印技术的盾构隧道模型设计与制作[J]铁道科学与工程学报, 2017(8):149-156.

[56] YAN X,YUAN J Y,YU H T,et al. Multi-point shaking table test design for long tunnels under non-uniform seismic loading[J]. Tunnelling and

Underground Space Technology,2016,59:114-126.

[57] YUAN Y,YU H T,LI C,et al. Multi-point shaking table test for long tunnels subjected to non-uniform seismic loadings – Part I:Theory and validation[J]. Soil Dynamics and Earthquake Engineering,2018,108:177-186.

[58] YU H T,YUAN Y,XU G P,et al. Multi-point shaking table test for long tunnels subjected to non-uniform seismic loadings-part II:Application to the HZM immersed tunnel[J]. Soil Dynamics and Earthquake Engineering,2018, 108:187-195.

[59] YU H T,YAN X,BOBET A,et al. Multi-point shaking table test of a long tunnel subjected to non-uniform seismic loadings[J]. Bulletin of Earthquake Engineering,2018,16(2):1041-1059.

[60] 袁勇,包蓁,禹海涛,等.考虑行波效应的盾构隧道多点振动台试验[J] 中国公路学报,2017,30(8):174-182.

[61] BAO Z,YUAN Y,YU H T. Multi-scale physical model of shield tunnels applied in shaking table test[J]. Soil Dynamics and Earthquake Engineering, 2017,100:465-479.

[62] 袁勇,禹海涛,燕晓,等.超长沉管隧道多点振动台试验模拟与分析[J].中国公路学报,2016,29(12):157-165.

[63] 禹海涛,袁勇,徐国平,等.超长沉管隧道抗震设计及其关键性问题分析[J].上海交通大学学报,2012,46(1):94-98.

[64] 燕晓,禹海涛,袁勇,等.沉管隧道基槽边坡振动台试验及动力特性[J].中国公路学报,2016,29(12):149-156.

[65] 燕晓,袁聚云,袁勇,等.大型振动台试验模型场地土的配制方法[J].结构工程师,2015,31(5):116-120.

[66] 袁勇,黄伟东,禹海涛.地下结构振动台试验模型箱应用现状[J].结构工程师,2014,30(1):38-45.

[67] 禹海涛,张敬华,袁勇,等.盾构隧道-工作井节点振动台试验设计与分析
[J].中国公路学报,2017,30(8):183-192.

[68] 黄伟东,禹海涛,李贞新,等.刚性模型箱边界效应研究[C]//水下隧道建
设与管理技术论文集.2013:64-70.

[69] 李贞新,徐国平,袁勇,等.节段式沉管隧道抗震关键技术研究[J].公路,
2015,60(4):8-14.

[70] 禹海涛,李翀,袁勇,等.用于长隧道多点振动台试验的节段式模型箱及其
适用性研究[J].中国公路学报,2016,29(12):166-174.

[71] YAN X,YU H T,YUAN Y,et al. Multi-point shaking table test of the free field
under non-uniform earthquake excitation[J]. Soils and Foundations,2015,55
(5):985-1000.

[72] YUAN Y,YU H,YAN X,et al. Multi-point Shaking Table Test Simulation and
Analysis of a Super-long Immersed Tunnel[J]. China Journal of Highway and
Transport,2016,29(12):157-165.

[73] YU H,LI C,YUAN Y,et al. Research on Segmental Model Container and Its
Validation for Multi-point Shaking Table Test of Long Tunnels[J]. China
Journal of Highway and Transport,2016,29(12):166-174.

[74] 耿萍.铁路隧道抗震计算方法研究[D].成都:西南交通大学,2012.

[75] 王帅帅,高波,隋传毅,等.不同地质条件下隧道洞口仰坡地震破坏特性研
究[J].岩土力学,2014,35(S1):278-284.

[76] 王帅帅,高波,陶双江,等.含软弱夹层和均质围岩隧道洞口仰坡动力特性
研究[J].铁道学报,2014,36(11):93-98.

[77] 胡辉.穿越活动断层的隧道减震结构研究[D].成都:西南交通大学,2013.

[78] 刘云,高峰.跨断层隧道动力特性大型振动台试验研究[J].振动与冲击,
2016,35(12):160-165.

[79] 高峰,孙常新,谭绪凯,等.不同埋深隧道的地震响应振动台试验研究[J].

岩土力学,2015,36(9):2517-2522,2531.

[80] 陶连金,侯森,赵旭,等.不同仰坡度数的山岭隧道洞口段动力响应振动台试验研究[J].岩土力学,2014,35(S1):91-98.

[81] 申玉生,高波,王峥峥,等.高烈度地震区山岭隧道模型试验研究[J].现代隧道技术,2008,45(5):38-43.

[82] 信春雷.穿越断层隧道结构地震动破坏机理与抗减震措施研究[D].成都:西南交通大学,2015.

[83] 信春雷,高波,周佳媚,等.跨断层隧道设置常规抗减震措施振动台试验研究[J].岩石力学与工程学报,2014,33(10):2047-2055.

[84] 徐华,李天斌,王栋,等.山岭隧道地震动力响应规律的三维振动台模型试验研究[J].岩石力学与工程学报,2013,32(9):1762-1771.

[85] XU H,LI T B,XIA L,et al. Shaking table tests on seismic measures of a model mountain tunnel[J]. Tunnelling and Underground Space Technology,2016,60:197-209.

[86] 吴冬.山岭隧道洞口段地震损伤反应特性与损伤评价方法研究[D].成都:西南交通大学,2016

[87] 吴冬,高波,申玉生,等.隧道仰坡地震动力响应特性振动台模型试验研究[J].岩土力学,2014,35(7):1921-1928.

[88] KAWAMATA Y,NAKAYAMA M,TOWHATA I,et al. Dynamic behaviors of underground structures in E-Defense shaking experiments[J]. Soil Dynamics and Earthquake Engineering,2016,82:24-39.

[89] KAWAMATA Y,NAKAYAMA M,TOWHATA I,et al. Large-scale shake table test on behavior of underground structure with the curved portion during an earthquake[J]. Journal of Disaster Research,2017,12(5):868-881.

[90] 崔光耀,王明年,于丽,等.汶川地震公路隧道洞口结构震害分析及震害机理研究[J].岩土工程学报,2013,35(6):1084-1091.

[91] 于媛媛.山岭隧道衬砌结构震害机理研究[J].国际地震动态,2014,44(4):48.

[92] 崔光耀,伍修刚,王明年,等.汶川8.0级大地震公路隧道震害调查与震害特征[J].现代隧道技术,2017,54(2):9-16.

[93] 崔光耀,王明年,林国进,等.汶川地震公路隧道洞口段震害机理及抗震对策研究[J].现代隧道技术,2011,48(6):6-10,22.

[94] 崔光耀,伍修刚,王明年,等.汶川地震区跨断层带公路隧道震害形成机理分析[J].中国地质灾害与防治学报,2018,29(2):108-114.

[95] 崔光耀,刘维东,倪嵩陟,等.汶川地震公路隧道普通段震害分析及震害机制研究[J].岩土力学,2015,36(S2):439-446.

[96] 李天斌,陈国庆,严骏,等.汶川8.0级地震前后福堂隧道应力场变化研究[J].西南交通大学学报,2018,53(2):337-343.

[97] 李天斌.汶川地震隧道震害及抗震启示[C]//全国MTS岩土混凝土试验研讨会论文集.武汉,2009:223-266.

[98] 陶双江,蒋雅君.汶川地震隧道震害影响因素的统计和分析[J].现代隧道技术,2014,51(3):15-22.

[99] GAO B, WANG Z, YUAN S, et al. Lessons learnt from damage of highway tunnels inwenchuan earthquake[J]. Journal of Southwest Jiaotong University, 2009,44(3):336-341,374.

[100] 罗勇.公路隧道洞身特殊结构地震动力响应研究[D].成都:西南交通大学,2013.

[101] 陈林杰,梁波.高烈度地震区隧道紧急停车带与主洞交叉处地震动力响应分析[J].铁道建筑,2014,54(7):51-54.

[102] ST-JOHN C M, ZAHRAH T F. Aseismic design of underground structures[J]. Tunnelling and Underground Space Technology,1987,2(2):165-197.

[103] SÁNCHEZ-MERINO A L, FERNÁNDEZ-SÁEZ J, NAVARRO C. Simplified

longitudinal seismic response of tunnels linings subjected to surface waves [J]. Soil Dynamics and Earthquake Engineering,2009,29(3):579-582.

[104] 陈涛.基于 Timoshenko 梁的隧道纵向地震响应及减震机理研究[D]. 成都:西南交通大学,2017.

[105] 刘晶波,王东洋,谭辉,等.隧道纵向地震反应最不利时刻的确定及其应用:第 27 届全国结构工程学术会议[C],中国陕西西安,2018.

[106] PARK D,SAGONG M,KWAK D Y,et al. Simulation of tunnel response under spatially varying ground motion[J]. Soil Dynamics and Earthquake Engineering,2009,29(11/12):1417-1424.

[107] LI P,SONG E X. Three-dimensional numerical analysis for the longitudinal seismic response of tunnels under an asynchronous wave input[J]. Computers and Geotechnics,2015,63:229-243.

[108] 袁勇,禹海涛,李翀,等.长隧道的地震响应与控制方法研究[C]//中国土木工程学会 2017 年学术年会论文集.上海,2017:644-661.

[109] LEMNITZER A,KEYKHOSROPOUR L,KAWAMATA Y,et al. Dynamic response of underground structures in sand:Experimental data [J]. Earthquake Spectra,2017,33(1):347-372.

[110] TOWHATA I,KAWAMATA Y,NAKAYAMA M,et al. E-Defense shaking test on large model of underground shaft and tunnels [C] International symposium on geotechnical aspects of underground construction in soft ground,2014.

[111] 耿萍,吴川,唐金良,等.穿越断层破碎带隧道动力响应特性分析[J].岩石力学与工程学报,2012,31(7):1406-1413.

[112] 耿萍,何悦,何川,等.穿越断层破碎带隧道合理抗震设防长度研究[J].岩石力学与工程学报,2014,33(2):358-365.

[113] 耿萍,唐金良,权乾龙,等.穿越断层破碎带隧道设置减震层的振动台模

型试验[J].中南大学学报(自然科学版),2013,44(6):2520-2526.

[114] 王峥峥.跨断层隧道结构非线性地震损伤反应分析[D].成都:西南交通大学,2009.

[115] 王峥峥,高波,李斌,等.跨断层隧道振动台模型试验研究Ⅰ:试验方案设计[J].现代隧道技术,2014,51(2):50-55,62.

[116] 王峥峥,李斌,高波,等.跨断层隧道振动台模型试验研究Ⅱ:试验成果分析[J].现代隧道技术,2014,51(3):105-109,116.

[117] 信春雷,高波,王英学,等.跨断层隧道可变形抗减震措施振动台试验研究[J].岩土力学,2015,36(4):1041-1049.

[118] 信春雷,高波,闫高明,等.跨走滑断层隧道地震破坏特征与抗减震措施研究[J].振动工程学报,2016,29(4):694-703.

[119] JIANG X L,WANG FF,YANG H,et al. Dynamic response of shallow-buried small spacing tunnel with asymmetrical pressure:Shaking table testing and numerical simulation[J]. Geotechnical and Geological Engineering,2018,36(4):2037-2055.

[120] AYDAN Ö,OHTA Y,GENIŞ M,et al. Response and stability of underground structures in rock mass during earthquakes[J]. Rock Mechanics and Rock Engineering,2010,43(6):857-875.

[121] 蒋树屏,文栋良,郑升宝.嘎隆拉隧道洞口段地震响应大型振动台模型试验研究[J].岩石力学与工程学报,2011,30(4):649-656.

[122] 蒋树屏,蒋华,王晓雯,等.高烈度地震区公路隧道洞口段大型振动台模型试验方案设计[J].公路,2009,54(10):245-249.

[123] 王帅帅,高波,周裕,等.隧道洞口含软弱夹层仰坡振动台试验研究[J].岩石力学与工程学报,2015,34(S1):2699-2705.

[124] 李育枢,李天斌,王栋.黄草坪2#隧道洞口段大型振动台物理模型试验研究[J].岩土工程技术,2009,23(3):109-114,118.

［125］李育枢,李天斌,王栋,等.黄草坪2#隧道洞口段减震措施的大型振动台模型试验研究［J］.岩石力学与工程学报,2009,28(6):1128-1136.

［126］李育枢,李天斌,王栋,等.山岭偏压隧道洞口段大型振动台模型试验方案设计［J］.铁道建筑,2009,49(8):61-65.

［127］陶连金,李书龙,侯森,等.山岭隧道洞口段地震响应振动台模型试验研究［J］.世界地震工程,2016,32(4):7-16.

［128］侯森,陶连金,赵旭,等.SH波作用下山岭隧道洞口段结构动力响应研究［J］.岩石力学与工程学报,2015,34(2):340-348.

［129］侯森,陶连金,赵旭,等.不同加载方向的山岭隧道洞口段地震响应振动台模型试验［J］.中南大学学报(自然科学版),2016,47(3):994-1001.

［130］侯森,陶连金,李书龙,等.山岭隧道洞口段设置减震层的振动台模型试验研究［J］.世界地震工程,2014,30(3):187-195.

［131］申玉生,高波,王英学.强震区山岭隧道洞口段结构动力特性分析［J］.岩石力学与工程学报,2009,28(S1):3131-3136.

［132］申玉生,高波,王峥峥.强震区山岭隧道振动台模型试验破坏形态分析［J］.工程力学,2009,26(S1):62-66.

［133］YANG H,JIANG X L,PENGYUAN L. Seismic response of tunnel lining for shallow-bias tunnel with a small clear distance under Wenchuan earthquake [J]. Advances in Civil Engineering,2018,2018:1-10.

［134］牛家永,江学良,杨慧,等.含小净距隧道岩石边坡地震动力响应特性研究［J］.自然灾害学报,2017,26(5):130-139.

［135］SEED H B. Considerations in the earthquake-resistant design of earth and rockfill dams［J］. Géotechnique,1979,29(3):215-263.

［136］周颖,吕西林.建筑结构振动台模型试验方法与技术［M］.北京:科学出版社,2012.

［137］鞠杨,徐广泉,毛灵涛,等.盾构隧道衬砌结构应力与变形的三维数值模

拟与模型试验研究[J]. 工程力学,2005,22(3):157-165.

[138] 黄宏伟,徐凌,严佳梁,等. 盾构隧道横向刚度有效率研究[J]. 岩土工程学报,2006,28(1):11-18.

[139] 张厚美,叶均良,过迟. 盾构隧道管片接头抗弯刚度的经验公式[J]. 现代隧道技术,2002,39(2):12-16,52.

[140] 封坤,何川,肖明清. 高轴压作用下盾构隧道复杂接缝面管片接头抗弯试验[J]. 土木工程学报,2016,49(8):99-110,132.

[141] 封坤,何川,夏松林. 大断面盾构隧道结构横向刚度有效率的原型试验研究[J]. 岩土工程学报,2011,33(11):1750-1758.

[142] 李晓军,黄伯麒,杨志豪,等. 不同埋深下大直径盾构隧道横向刚度有效率[J]. 同济大学学报(自然科学版),2015,43(8):1159-1166.

[143] 叶飞,杨鹏博,毛家骅,等. 基于模型试验的盾构隧道纵向刚度分析[J]. 岩土工程学报,2015,37(1):83-90.

[144] 黄正荣,朱伟,梁精华,等. 盾构法隧道开挖面极限支护压力研究[J]. 土木工程学报,2006,39(10):112-116.

[145] YU H,CHEN J,BOBET A,et al. Damage observation and assessment of the Longxi tunnel during the Wenchuan earthquake [J]. Tunnelling and Underground Space Technology incorporating Trenchless Technology Research,2016,54:102-116.

[146] YU H,YUAN Y,LIU X,et al. Damages of the Shaohuoping road tunnel near the epicentre[J]. Structure and Infrastructure Engineering,2013,9(7/9):935-951.